Focus

Focus

新　中　国　論

中國的執念

日本資深媒體人野島剛
解讀習近平強權體制下的｜台灣｜及｜香港｜

野島剛
Nojima Tsuyoshi

林詠純——譯

目錄

第3章 中國領導人眼中的台灣及香港問題

第6章 國際矚目的台灣及香港問題

稱台灣選手為「國家代表」而被出征／
電影《健忘村》事件／請找出台獨導演／
僑民所形成的一體感／金馬獎的變質／
年輕導演的得獎感言成為轉捩點／
中國逐漸與金馬獎「絕緣」／衰頹的香港電影文化／
香港電影檢查條例

台灣及香港「再度」受到矚目／
因冷戰瓦解而逐漸遜色的「角色」／
新冷戰的風波率先影響香港／該如何讓美國採取行動／
流亡的香港人／站上美中新冷戰浪頭的蔡英文／
美國戰略模糊的極限／建構「三面盾牌」／

面對「中國因素」／靠半導體引領世界／
如何吸引美軍插手干預／
利用漁業協議，「凍結」釣魚台問題／
三一一大地震的捐款／
中國強，台港也成為國際議題／
英國也因香港問題與中國對立

第7章 日本該如何看待台灣及香港問題？

台灣有事，就是日本有事／與李登輝訪日時的變化／
正在改變的對中好感度／中台逆轉的日本輿論結構／
「政治」成為焦點的香港／日本與香港的深刻連結／
由下而上的對日印象／樂觀主義中的香港主權移交／
消散的中國自由主義／中國是「科學怪人」嗎？／

【推薦序】

一條認識中國的另類蹊徑

宋國誠

如果說「執念」是指一種執著不變、頑固僵化的理念，或者是國家主義上不可妥協和不許放棄的原則，那麼日本資深記者野島剛這部著作，就是在闡述中國（有些可理解、有些不可理解）的「國家執念」，特別是中國的「領土主權觀／中國中心主義的民族主義」之偏執與扭曲。這些執念不僅是理解當前中國各種政策的認知框架，也是解釋中國各種非法行為的關鍵詞。《中國的執念》一書，作者以「中國為什麼重視香港和台灣」為破題，超越可能不假思索、習以為常的「華人視角」，從「日本視角」向讀者展示了一條認識中國的另類蹊徑，特別是從現象深入本質，從表皮潛入筋脈。全書觀點新穎、行文流暢，值得向關心中國問題的讀者鄭重推薦。

作者從香港遭受《中華人民共和國香港特別行政區維護國家安全法》（後文統一簡稱《國安法》）的肆虐而致奄奄一息，以及中共軍機不斷騷擾台灣而造成的安全威脅，來見證並透視中共政權的本質，特別是對香港「一國兩制」政治承諾的踐踏與廢棄，對併吞台灣主權的圖謀未曾稍歇，來看待中國這個國家的本質與野心。

作者首先反省自身在新聞採訪過程中，對實施《國安法》之後香港情勢的誤判，在對香港在近代動盪不安的歷史中表現的「韌性」（resilience，作者稱之為「文化復原力」）抱持樂觀態度。難以預料的是，中共還是甘冒國際名聲的惡化，出手殘酷對待香港社會。然而，作者也分別以「台灣化」——排斥中國並維持疏遠，以及「香港化」——遭受中共吞噬並臣服於極權意志，來區分台灣與香港的差異。在此差異中，台灣何其幸運，免於中共的侵犯與暴虐。然而，正是基於「中國的執念」，在中共對台灣的野心不除之下，台灣也並非不會重演香港的悲劇。

過去我曾經多次指出，要理解當前中國種種的誤判與失策，必須從「創傷的民族主義」(traumatic nationalism)這一心理病症說起。作者野島剛也指出，台灣與香港是中國「百年恥辱」的起點，也是埋藏在中國政治最深沉的政治痛楚，因此，以「收復失土」為名的壓制香港、併吞台灣，就成為一種理所當然的「執念」，進而成為西方國家圍堵中國的主因。

作者把中國的「大一統」——表現在習近平經常提及的「完全統一」，和台港的「本土化」進行對比，分析中台港之間糾結難纏的關係。在「本土化」這方面，作者也細膩地區分了「台獨」與「脫中」的差別，從前總統李登輝的「中華民國在台灣」(暫存狀態)到現任總統蔡英文的「中華民國台灣」(實存狀態)的演變，區分了「獨立」與「自決」的兩種選擇，分析了中台之間關係的複雜性。作者野島剛試圖證明，「本土化」——愛台灣與愛香港，已使中國「國家整合式的民族主義」失去了說服力，進而形成了中國與台港之間一種「中央帝國」vs「自治島國」的對抗。但無論什麼選擇，都是努力與中國漸行漸遠、畫清界線。對台灣而言，「脫中抗共」已是唯一的選擇。

《中國的執念》，是一部診斷中國自卑性的民族創傷、揭露中國詭辯性的謊

【推薦序】

這是一本寫給台港的情書

林宏文

很感謝今周刊出版社與野島剛先生的邀請，為這本新書《中國的執念》寫推薦序。接到這個邀約，我一口就答應，因為我知道野島多年來在中國、台灣及香港都累積豐富的留學、生活及採訪經驗，對三地的政治、文化與社會議題，涉獵很廣也很深，他一定可以言之有物，寫出超乎大家預期的內容與觀點。

果然，我花了周末兩天讀完，不只與我原先預期一致，甚至也解答我心中不少疑惑。

記者生涯三十年，我一直把關注焦點放在科技業，科技產業變化多，精彩故事寫不完，因此也樂此不疲，難有心力提筆撰寫其他主題。但是，對於台灣的未來，我與所有人都一樣關心，看到這幾年香港的演變，也是感同身受，有不吐不快之感。

閱讀《中國的執念》這本書時，我深深感受到，野島幫我們把許多事情都完成了。他帶著讀者走過百年歷史，從冷戰時代到如今中國崛起，分析香港與台灣過去經歷過的重大事件，留下那些軌跡與意義，還有在中國不斷威逼下，香港現在的命運及台灣未來的選擇。

寫這篇推薦序時，正值台灣總統大選最激烈的時刻，每天都要聽各個候選人拋出奇怪的言論，以及完全不同的歷史與價值觀。到底誰在胡說八道，無時無刻不在考驗選民的智慧。

同時間，我也看到《華爾街日報》（*The Wall Street Journal*）的報導，「台灣的極難選擇：成為烏克蘭還是香港？」在媒體多年，我深知編輯下標時總希望吸引最多眼球，但諸如像「地球上最危險的地方」這樣聳動的標題看多了，卻不免讓人懷疑，到底老外是怎麼看台灣的？為何總會出現一些唯恐天下不亂的想法，關注這個我們要安身立命、生活一輩子的小島？

到底老外真的理解台灣嗎？真正感受過這片土地的聲音嗎？還是只是用他

們的想像力，在鍵盤上描繪台灣的命運？

讀野島剛的書，我看到了不一樣的視角。一位外國記者，在香港、台灣每次重大的事件與場合，在第一線感受，用我們的語言採訪，光是這種熱情與深入理解的同理心，我們都要很尊敬，很感謝。

歐美人看台灣問題，偏重人權及自由等角度，感覺總像在遠距離觀看，野島則從日本及東亞歷史切入，關注文化及人性層面，從底層民眾日常交流及喜惡所自然流露的感受去取材，更容易讓台灣讀者接受。

野島的文字論述能力也很強，他很冷靜客觀，文字平實，從不誇大，用字中透露出真誠，以及對土地人民的溫暖關懷，我喜歡這種態度，也接受這種對未來前途探討論述的方式。這種邏輯與思辨讓人有機會反省過去，揮開迷霧及看清方向。

野島兄的著作很多，而且筆耕不輟，幾乎一年多就出版一本書，而且範圍從兩岸故宮、捷安特、蔣介石與白團，再到失去故鄉的台灣人、看台灣電影的心得等。他在台灣出版的每一本書，我都讀過也都珍藏，可以說我就是他的忠實粉絲。

如今再讀這本書，看到野島對中國、香港及台灣的事務如此投入，自己也會覺得慚愧，一位日本人比台灣人更認真，把香港、台灣的歷史研究得如此透徹，比很多活在台灣這個島上的人，都有更深的關懷及清楚的腦袋，很感謝野島為台灣做了這麼重要的事。

記得幾年前野島從《朝日新聞》離職時，曾和我談到心境的轉折，許多朋友不理解他為何做這種決定，因為大部分日本人都會在大公司做到退休，像他這樣敢辭職離開的人非常少。

當時我也和他分享自己的經驗，鼓勵他不用遲疑，我和野島年紀相近，也比他更早從《今周刊》副總編職位離職，有一段時間也覺得迷惘，後來持續筆耕，投入自己關注的事務，逐漸做出心得。如今短短幾年，野島已是大中華地區知名的評論家，也在日本的大學擔任教授，發揮更大影響力。很高興我們都在中年選擇新戰場，也都找到自己更寬廣的路。

閱讀野島兄的書，也讓我感受到資深記者可以為社會帶來的些許貢獻，那就是用冷靜的頭腦及熱切的心，為大家提供新的思考角度。近來我撰寫台積電與台灣半導體的新書《晶片島上的光芒：台積電、半導體與晶片戰，我的30年採訪筆記》時，就有類似的出發點，希望提供一個更貼近事實的角度，為大家找出一些更清楚的方向。

他山之石可以攻錯，我從一位關心台灣，比我們更認真思考台灣、香港與中國命運的日本友人眼中，看到了台灣的命運及前途，這對於長期陷入藍綠爭辯的台灣人來說，也是意義重大的一本書。我推薦這本《中國的執念》給所有朋友，也期待大家像我一樣，都能從這本書中，找到自己對台灣命運與前途的信念。

（本文作者為《今周刊》顧問，《晶片島上的光芒：台積電、半導體與晶片戰，我的30年採訪筆記》作者。）

【台灣版序】

我的世界，變小了

日本人被拒絕入境與拘留事件頻傳

香港曾有一段對於回歸中國，感到歡欣鼓舞的時期；台灣曾有一段逐漸改善與中國關係的時期；而日本也曾有一段夢想著日中友好的時期。但這些時期都成過去，當時的「正能量」已不復存在。近年來，習近平政府的統治風格逐漸傾向威權主義，而這意味著我們正共同經歷從期望到失望的過程。

那麼，台灣人與香港人到底對中國的哪個部分感到失望呢？經濟高度成長的中國，不是發展成一個貨真價實的大國了嗎？而人們心中為何卻沒對中國更加敬重？為了回答這些疑問，我在二〇二〇年寫了這本書。

我最想問的，只有一個問題：「在台灣與香港發生的事，是否在不久的將來，也可能在日本發生？」日本與台灣、香港的歷史脈絡與民族組成截然不同。儘管如此，台灣、香港與日本的命運卻是脣齒相依。其理由不言而喻，當然就是我們都有中國這個鄰居。有清楚的例子可證明，「台灣與香港正在發生的事，在不久的將來也會在日本發生」，是正確的主題設定，那就是有日本人被拒絕入境香港，以及日本人在中國遭到拘留的情事發生。

台灣與民進黨有關的人士與學者專家無法入境香港，大約是二〇一四年左右開始的事。香港擁有自由港的傳統，一直以來都採取寬鬆的入境管理政策，人員出入相對自由。這為香港帶來活力，畢竟人們在香港聚集，資訊也會在香港集中。除非有什麼重大問題，否則基本上不太會被香港方面視為「不受歡迎人物」而在機場遭到遣返。然而，主張支持香港民主化運動的人，卻受到香港政府強烈警戒。當時，我認為這是基於台灣問題的特殊性，才會發生這樣的情形。然而，二〇二三年的最新狀況卻是，這也逐漸成為日本人的問題。

在日本發表言論，卻違反香港法規？

二〇二三年六月，在日本留學的香港女大學生遭到香港當局起訴，這名大學生是在日本的大學就讀法律系的二年級生，她因在日本時，涉嫌曾透過Facebook、Instagram等社群媒體不斷發表支持香港獨立的訊息而遭起訴。她為了更換新的身分證而暫時回到香港時，因違反《國安法》的嫌疑而遭到逮捕。然而她的嫌疑內容在起訴時，卻被變更為違反國內法規。換句話說，雖然避開了《國安法》的域外適用，但這只不過是以社群媒體上發表的內容在香港也看得見為由，而變更適用法規罷了。這可能是為了安撫這位女大學生遭逮捕後，反彈效應逐漸擴大的日本政府與媒體。儘管如此，這並沒有改變香港人因在日本的言論而遭到問罪的事實。這名女性也可能被處以三至五年的徒刑。而最令人感到震驚的是，某個人在日本發表的內容，竟然會因違反香港的國內法規而遭逮捕並構成犯罪嫌疑，這彷彿意味著香港的法律，效力也及於在日本的言行。

港版《國安法》也在暗地裡影響著日本人。

同樣在六月，有位日本音樂人在香港機場遭到拒絕入境，並遣返回日本。這名音樂人在香港從事音樂活動，在二〇一九年到二〇二〇年間，曾在街頭表演時支持香港的遊行。這次雖然沒有表演的計畫，但他過去的行為卻成為遭到拒絕入境的理由。二〇二三年一月有位在日本舉辦以遊行為題材的攝影展的女性攝影師，也同樣地被拒絕入境。

首度拒絕日本新聞工作者入境

而且，就連我的朋友也進不去香港了。記者小川善照在二〇二三年六月三十日被香港政府拒絕入境。他被盤問了一整晚，最後在沒有給出明確理由的情況下被遣送回日本。這是香港首度拒絕日本新聞工作者入境。小川先生這次造訪香港並不是為了工作採訪，而是私人旅遊行程，但觀光簽證卻一直沒有核准。他顯然被列入黑名單。

小川先生曾撰寫採訪香港遊行的書籍《香港遊行戰記》（香港デモ戦記），

這想必讓他被香港政府視為問題人物。這本書的內容確實表達了對民運人士的同情。然而，當時撰寫這類文章的記者、作家多如牛毛，反而要挑出不對香港政府抱持批判角度的記者是更加困難。我個人也在二〇二〇年，出版《香港是什麼》（香港とは何か）一書，並在書中指出習近平的治理香港政策，正朝著錯誤方向發展。

如果小川先生因為出版了那本書而被列入黑名單，那麼我也可能在黑名單內。不管是小川先生還是我，都沒有要否定一國兩制的意思，更不可能鼓吹香港獨立。我們只不過是貫徹新聞工作者的基本態度，指出就現狀來看，香港與中國極有可能走向雙輸的未來，因此建議香港政府與中國政府都應該重新思考。倘若因為這樣就被列入黑名單，不禁讓我疑惑到底該寫什麼才不會有問題？

我非常想去香港，但當然會考慮到是否就算去了也無法入境。會產生這樣的困擾，本身就說明了中國共產黨的統治方式正逐漸根植香港，而這是一件令人感到遺憾的現實。之所以會接連發生與日本有關的案件，也反映出香港政府與中國政府對於日本社會出現「一國兩制走向終點」的意見而變得神經質。在日本也擁有高知名度的民運人士周庭，因參加未經許可的遊行活動而遭問罪，並於服刑十個月後出獄，但她的護照卻因違反《國安法》的嫌疑被沒收，被迫成為長時間動彈不得的「籠中鳥」。

香港，是我第一次出國的地方，也是第一次長期留學的地方。我有不少香港朋友，也非常喜歡香港食物。但在得知小川先生的狀況後，大幅降低我近期拜訪香港的可能性。除非以研究為目的取得簽證，否則其他方法應該有難度吧？

連日本的親中派，也被監禁六年

中國以「國家安全」為由監禁海外人士，已經引起了一些關注。在台灣經營出版社的富察延賀先生傳出遭到監禁的消息，也對台灣社會造成一股衝擊。雖然遭到監禁的台灣人不少，但最近遭到監禁的日本人也很多，其中一名遭到逮捕並被判有罪的「日中友好人士」，他用親身經歷所撰寫的自白書就引發熱議。

這個人叫做鈴木英司，長年來一直都是扮演日中友好交流活動的核心人物。然而他卻在訪問中國時被以違反《中華人民共和國反間諜法》（後文統一簡稱《反間諜法》）罪名逮捕，判處六年有期徒刑，並在二〇二二年結束刑期返回日本。他後來撰寫了一本赤裸裸描述這段過程的書籍。他透過這本書向我們傳達，身為外國人若想與習近平體制下的中國靠攏，將面臨令人意想不到的風險。

這本出書點出一個事實，一旦在中國遭到懷疑，無論嫌疑是否為真，都很有可能會遭遇極度不合理的對待。而「愈接近中國就愈危險」這個矛盾的實情浮上檯面，也相當耐人尋味。尤其，鈴木先生致力日中友好交流已經數十年。

鈴木先生拜訪中國的次數超過兩百次，長年作為中國與日本之間的溝通管道而在日本活躍，也就是所謂的日中友好人士。二〇一六年，鈴木先生為了出席日中共同舉辦的研討會而前往北京，卻在即將回國之際在機場遭到北京市國家安全局的拘留。他被蒙住雙眼，帶往被嚴密監視系統圍繞的祕密設施住居，接下來是長達半年的調查。雖然他否認嫌疑，依然遭到起訴，最後被判處六年徒刑。他被指控的犯罪嫌疑，是與中國官員之間的意見交流，這在二〇一四年通過的《反間諜法》被認定為「從事間諜活動」。

中國在轉換為習近平政府後，監禁外國人事件急遽增加。自二〇一五年以來，遭中國監禁的日本人多達十七人，其中多半被指控為違反間諜罪與取得國家機密等罪嫌，這些人在異國的拘留所或監獄度過漫長時光。間諜罪的審判紀錄原則上不公開，這些人即使回國，也幾乎對此閉口不談。其中多數屬於企業相關人士，或許害怕對在中國的事業帶來影響，但想必也有很大一部分是不願再回想起那段如噩夢般的日子。但在二〇二二年結束刑期回到日本的鈴木先生，卻勇敢地將這段經驗全部寫下來。

中國的司法制度極度不透明。長達半年，鈴木先生在封閉空間被以「居住監視」為名義受到密集偵訊，儘管起訴後終於得到律師的支援，但這名律師也沒有試圖幫他爭取無罪。為了讓間諜的指控成立，強行扭曲供詞是家常便飯，因為這樣的罪名導致自己失去人生中漫長時光的痛苦，也絕對會對一個人的精神面帶來重大影響。鈴木先生原本體重是九十八公斤，他重見天日時體重只剩六十八公斤。

掘井人會被推入井中的殘酷時代

中國的優先順序，隨著政權從胡錦濤轉移到習近平而改變，從日中關係變成國家安全，從日中友好變成打擊間諜。如果非要指出鈴木先生所犯的錯誤，或許是他在遭到逮捕的二〇一六年時，應該對於自己穿梭於日中之間的行動更加抱有危機意識。我認為他沒有意識到日中友好的時代已然結束，依然照著日中友好時代的行動模式運作，或許是導致他遭到逮捕的遠因。

即使如此，依然很難去責怪鈴木先生。相信中國在過去曾有「飲水莫忘掘井人」的文化，率先做出貢獻的人將得到永久的尊敬，而我在與中國方面交流時，也曾多次聽過這樣的事情。但這已經是過去式了。現在是掘井人會被推入井中的殘酷時代。

現在於日本從事中國研究的新聞工作者與學者之間，只要碰了面反而第一件事不是寒暄，而是討論到底該不該去中國。目前的結論大致上都是「暫時不要去」。我的觀點也是一樣的。現在即使能夠入境中國，終究無法自由採訪、蒐集資料。就連與在媒體等單位工作的朋友見面也會造成對方困擾，所以想想還是算了。既然如此，那有什麼必要冒著被監禁數年的風險入境中國呢？選擇冒險的人想必極少吧。

我從年輕時，就有一個夢想，那就是學習中文，自由穿梭於中華圈，從事撰寫文章的工作。最理想的狀況是在台灣與日本之間過著雙據點生活，同時自由往來中國、香港與東南亞，這個理想從我在《朝日新聞》服務的三十五歲左右便逐漸實現。在我二〇一六年離職成為自由工作者後，照理來說應該朝著這個理想穩步邁進才是，但目前中國與香港現在已經變得難以前往，剩下的就只有台灣。

雖然網路很方便，但如果不造訪當地，就難以湧現撰稿的「靈感」。對於曾經夢想著「大中華圈」的我而言，我的世界確實變小了。我想各位只要讀了這本書，想必就能知道我這麼說的原因。

【前言】

認識中國，從台港開始

中國崩潰論已不再適用

二〇二二年這一年來，香港在《國安法》之下，不斷地上演令人慘不忍睹的狀況，除了「當權者的暴力」之外，不知還能如何形容。這樣的情勢，徹底顛覆了一九九七年主權移交的前提，甚至還有人形容為「二次回歸」。也有愈來愈多人將目前的狀態視為「香港之死」。香港之死的預言，在主權移交之前曾是媒體熱議的話題，而在今年，五十年高度自治的承諾來到折返點，政治的焦土在香港蔓延，我們所知的「一國兩制」已經不復存在。

至於台灣，中國軍機擾台成為日常，日美領袖峰會與G7高峰會也提及「台灣海峽的和平與穩定」等，使得台灣引起國際關注。過去，日本人對於這座距離沖繩縣最西端的與那國島只有一百多公里，有「福爾摩沙」之稱的美麗島嶼「有事」的風險，從未有過如此切身的感知。

回想起來，無論是台灣還是香港，在十年前都絕對不是大家如此關注的焦點。

然而，東亞的局勢在中國國家主席習近平於二〇一二年開始掌權之後，尤其在美中新冷戰進入白熱化的二〇一九年之後急遽改變，台灣、香港的相關新聞，幾乎每一則都是頭條。

本書的主題，是藉由台灣及香港，深入探討我們所認知的「中國」這個國家的本質。希望讀者能夠理解中國面對台灣及香港的強硬態度，在現今時代將帶給世界什麼樣的影響，中國又為何會採取這樣的行動。

中國的超大國化，在這個世界上是已經發生的事實。日中GDP早已逆轉，甚至連美中GDP的逆轉都必須開始納入考量。曾讓日本出版界沸沸揚揚的「中國崩潰論」早已不再適用，我們今後不得不繼續面對一個強大的中國已是不爭的事實，就如同巨大的低氣壓持續襲罩我們。雖然麻煩，但也只能接受、適應，並擬定對策。

大中國，小日本

首先第一步，是主動接納「大中國」與「小日本」這樣的關係性。

認知到這樣的現狀後再環顧東亞，就會發現有兩個地區早已從幾十年前開始，就面臨著同樣的情況，那就是台灣及香港。正因為是「大與小」的非對稱構圖，才能清楚看見世界的龜裂，以及中國的明暗。

而台灣及香港的人們，就是因為比任何地方、任何人都更接近中國，所以才更能清楚看見中國的某些真正樣貌。

也因此，日本人必須知道台灣及香港所發生的事絕非與自身無關，其實從中有許多值得學習之處。

台灣及香港無論是歷史面、經濟面、文化面還是人際交流面，對日本人而言都是非常熟悉的場所。我們應該能夠期待藉由了解台灣及香港的狀況，更清楚地看見自己所面對的「中國問題」實像。

對香港的預測過於天真

另一個執筆動機，是反省我自己對香港問題的誤判。我在二〇一六年離開服務多年的報社，以記者身分往來香港進行採訪。二〇二〇年港府實施國安法時，我對香港情勢的預測，還維持樂觀餘地。

這是因為香港社會曾堅強地走過動盪的近代史，因此我渴望相信他們具有強韌的「心理復原力」(resilience)。

而且民主派團體在香港社會所追求的「漸進式民主化」構想，就直覺來看也毫無違和。

儘管民主化遲遲沒有進展，但維持香港原本的「一國兩制」，是中國對世界的承諾，而我評估中國應該沒有蠢到會毀棄這樣的承諾，導致香港社會混亂並與國際社會為敵。

但這樣的認知卻帶有天真的成分。當《國安法》實施之後，情勢的演變殘酷到遠超出我意料，沉痛的新聞幾乎每周都從香港傳來。接受我多次採訪的人士，一個接著一個入獄，失去他們原本的職位與發言權。我身為一介觀察家，每天反芻著混和了罪惡感與挫敗感的尷尬情緒，同時也重新感受到探究香港問題本質的必要性。

至於台灣問題，或許日本與世界論壇大多數的意見都認為，中國應該不會做到這麼離譜吧？不太可能不惜失去國際社會的名聲，也要對台灣出手吧？畢竟在美國跳出來插手台灣防禦的局勢下，中國侵略台灣的議題到底有多吃緊，應該還有檢討的餘地。

但另一方面，我們已經從香港的教訓中學到，就常識而言看似合理的局勢判斷，最後卻會失準。這就是解讀中國的困難之處。所以，關於台灣問題，也必須先假設一套最糟糕的劇本。現在是新冷戰的轉換期，所以我更希望趁著這個時候，重新針對中國面對台灣及香港的思考邏輯進行明確分析，並提供給讀者參考。

台港日的差異並非絕對

該如何與中國打交道？這個主題隨著中國崛起，獲得勘與美國比肩的經濟力與軍事力後，就成為全球性的課題。在思考這個日本人被迫面對的切身課題時，我想自己能夠以台灣及香港為教材，提供新的中國論視角。

不過，將台灣及香港視為前例探討的論點，至今在日本都還稱不上體系化。這是因為大家總覺得台灣及香港的歷史及環境終究是比較特殊的，與日本仍有不同。

然而，真的是如此嗎？

台灣及香港一直以來都被視為擁有相同命運、處在相同境遇。這樣的狀況甚至可稱為「兄弟」。彼此的共通之處非常多：

- 在歷史上長期處於「中華帝國」的周遭或邊境。
- 曾是列強（英國與日本）的殖民地。
- 被中華人民共和國視為國家統一的對象。
- 對自由主義陣營而言，是對抗共產主義的最前線。
- 兩者都擁有與社會主義中國不同的價值觀。
- 在經濟上與中國是相互依賴的關係。

這麼看來，日本與兩者的共通點也不少，譬如第一、四、五、六點等。日本在歷史上也處於「中華帝國」的周邊，一直以來都受到中國莫大影響。而在戰後的冷戰時期，日本被視為西方陣營對抗東方陣營的最前線。二〇二二年剛好是日中建交五十周年，建交後儘管與中國擁有不同的價值觀，依然構築了經濟上相互依賴的關係。

中國雖然並未把日本視為統一對象，但日本的尖閣諸島（釣魚台）被中國視為本國領土，中國船隻一再地頻繁接近日本領海。

台灣、香港與日本的差異決非絕對。世界各國，尤其是中國的鄰國，或多或少都面臨到類似問題，不得不被迫選擇是要往中國靠攏還是遠離。而台灣及香港地處最靠近中國的位置，被逼著率先做出抉擇。因此台灣及香港在與中國往來的經驗當中，有非常多值得學習與思考的部分，其中必定有許多觀點能夠幫助日本人建構對中政策並深化對中國的理解。

在國安法施行之後，台灣及香港變成兩個完全不同的世界。至少在短、中期，兩者已逐漸無法再被稱為「兄弟」了吧？

我試圖以「台灣化」及「香港化」的概念，整理這樣的現象。「台灣化」，指的是不與中國在本質上合併，甚至不排斥保持距離、逐漸疏遠。至於「香港化」，則是遭中國吞噬，受其影響，只能日復一日地服從北京意志的狀況。

接下來，我將試著透過闡述台灣及香港的最新局勢，思考為何會產生這樣的差異。

第1章

「台灣化」與「香港化」之間

海上的柏林圍牆

昏暗的南海海上，搭乘快艇朝台灣前進的香港年輕人被中國的海警船包圍，當探照燈的光線照射到他們的那一瞬間，帶給他們的絕望感是多麼地深刻啊！

二〇二〇年八月二十三日早晨，廣東省海警局於我國管轄之海域，逮捕了李某某、鄧某某等十多名非法越境者。

中國媒體如此報導他們的「偷渡失敗」。

他們是曾經參加香港示威遊行的十二名年輕人，在二〇一九年因「反對修訂《逃犯條例》」（反送中運動）而蔓延開來的大規模遊行中，站在前方與警察對抗。李某某是香港的社運人士李宇軒。李宇軒因二〇二〇年實施的《國安法》而遭到逮捕，雖然暫時得到釋放，但在不久後的法院審判，絕對會被判有罪。

他對未來感到絕望，於是決定冒著風險跨海偷渡。

他們的目的地，是對香港的民主化運動採取同情立場的台灣。他們向台灣尋求「自由的新天地」。

從香港前往台灣只能走空路或海路。他們的護照已經遭到沒收，因此只剩下從海上偷渡這個方法。

十二名十幾歲到三十幾歲的男女，早晨在香港的漁村——布袋澳村集合，盡可能將更多的燃料塞進協助者安排的快艇中，朝台灣前進。

台灣與香港的距離大約六百公里。途中的東沙群島是隸屬台灣管轄領土的島嶼，也有人員常駐，只要能夠抵達那裡，就有機會被移送到台灣去。已經有好幾組人，成功地搭乘快艇「逃到」台灣，據說也實際發生過漂抵東沙群島後被移送到台灣的例子。

台灣政府呼籲港方不要再「採取違法手段偷渡」，但並未將入境的香港人遣返香港。一方面是台灣的民意不允許，另一方面是表明支持香港民主派的民進黨蔡英文政權，必定會給予偷渡的香港人一定的保護。

冷戰時代，香港主權尚未移交給中國的時候，英國統治下的香港歌頌著言論自由。當時的台灣由國民黨一黨獨裁，許多知識分子被懷疑是共產主義人士，冒著九死一生的風險偷渡到香港。後來在日本成為知名作家的邱永漢，也是其中一人。

國際媒體及國際人權團體紛紛在香港設置辦公室。白色恐怖肆虐台灣的時期，香港曾是從旁支援台灣的據點。

我在訪問台灣的政務委員唐鳳[1]時，提到香港的話題。戒嚴時期父母都曾在媒體工作的她，說出了這段開場白。

香港的狀況確實令人痛心。一九八〇年代，我父母的工作在威權體制之下受到限制，而當時國際組織與媒體以香港為據點，在那裡工作的香港人在人權與政治問題上支援台灣、為台灣在國際上發聲。現在立場反過來，這次輪到台

1 編按：目前職務是數位發展部部長兼國家資通安全研究院董事長。

灣支援香港。

李宇軒等人的嘗試並未成功，遭到逮捕的他們在中國接受審判，因偷渡罪而被判有罪。他們在中國本土服刑約半年，二〇二一年春天結束刑期返回香港。然而，等著他們的還有違反《中華人民共和國出入國境管理法》和《國安法》等司法審判。他們當中有一部分的人遭到起訴，審判至今仍在進行。李宇軒直到今天都不被允許與家人會面。

起訴內容是「顛覆國家政權」，因為他遊說日本的國會議員制定《馬格尼茨基法案》（*Magnitsky Act*）[2]，對侵害人權的外國個人及組織發動制裁，希望藉此對中國及香港施加壓力。

李宇軒為了追求自由而從香港前往台灣，卻在海上遭到逮捕，這樣的情節，不禁讓人聯想到彷彿冷戰時代的亡靈——柏林圍牆再度出現。

正如各位所知，冷戰時代的柏林築起一道阻隔東西的圍牆，而這次李宇軒等人遭到逮捕，台灣和香港的人們都說：「他們被海上的柏林圍牆擋住了。」

香港成了「東柏林」，台灣則成為「西柏林」。

這也代表台灣與香港分別走上兩條不同的道路。香港被中國吞噬，台灣則與中國畫清界線繼續存活。而我覺得，兩者在命運上的差異，就從阻擋李宇軒等人偷渡的「海上柏林圍牆」中浮現。

而兩者的命運分水嶺，用一句話就能道盡，那就是香港在中國的施政之下，台灣則否。或許也可以說台灣受幸運之神眷顧，香港則沒有這麼好運。

不過，台灣也不一定永遠都不會陷入與香港同樣的處境。

今日香港，明日台灣。

2 編按：該法之討論，是由《全球馬格尼茨基人權問責法》（*The Global Magnitsky Human Rights Accountability Act*）而來。此法授權美國政府對違反人權及國外顯著腐敗人士可實施制裁，如禁止入境、凍結並禁止官員在美國的財產交易。目前全球至少六國通過類似法律，歐盟、澳洲、法國、瑞典、荷蘭、台灣正審議相關立法。

這句話在二〇一九年香港遊行及二〇二〇年台灣總統大選時大為流行，其中隱含著台灣不想重蹈香港覆轍的訊息。而海上柏林圍牆的出現，也顯示誰都不敢斷言其未來的風險只存在於想像之中。

過去，在主權移交前的中國深圳與香港之間，企圖從深圳偷渡到富裕香港的中國人遭到逮捕或射擊是家常便飯。這是因為深圳與香港之間拉起了一條冷戰的界線。

在香港的主權移交給中國之後，中港之間的往來成為日常，香港的「一國兩制」名存實亡，新冷戰的界線，重新在台灣與香港之間拉起。

二〇一九年到二〇二〇年間，在香港發生的劇烈變化，將來或許會被當成東亞情勢或中國情勢的轉換點而存於記憶當中。這個變化帶給世界的衝擊之大，超出日本人的想像。香港問題帶給美國對中意識惡化的影響，遠比帶給日本的影響要大上許多。

從「錯身而過」到「彼此共鳴」

我從二〇一四年左右，就開始思考是否應該透過台灣及香港，去理解現在的中國。該年，台灣的「太陽花學運」[3]與香港的「雨傘運動」[4]相繼發生，民眾試圖阻止中國影響力滲透的行動浮上檯面。

而後台灣及香港的距離加速縮短。兩者彼此刺激、互相支援，台灣的狀況牽動香港，而香港的狀況也影響台灣。

我試著以「共鳴」的概念，說明這樣的現象。「共鳴」，指的是音叉的兩端彼此發出聲音，反覆共振，最後發出的聲音漸趨一致。而台灣與香港的情況就像這樣。

3 編按：又稱「三一八學運」，是指在二〇一四年三月十八日至四月十日期間，由大學生與公民團體共同發起的社會運動。抗議學生不僅占領立法院，還曾一度嘗試占領行政院。

4 編按：又稱「雨傘革命」，是指於二〇一四年九月二十六日至十二月十五日在香港發生的一系列爭取真普選的公民抗命運動。

台灣與香港雖然擁有許多共通點，但在二〇一四年以前，卻長期彼此疏離，也很難將兩者相提並論。

一九九七年香港主權移交給中國，台灣因害怕中國的統一攻勢波及自身，故與整體而言歡欣鼓舞迎向回歸的香港漸行漸遠。

二〇〇〇年台灣經歷民主化，完成首度政黨輪替，香港相對來說對中國並未抱持負面情緒，因此對台灣的政治變化持否定看法。

二〇一〇年前後，香港因中國觀光客蜂擁而至等問題，對中國的警戒感逐漸升高，台灣卻在親中派的馬英九政權下，朝著與中國改善關係邁進。

台灣與香港就像這樣，長久以來圍繞著與中國之間的距離，持續「錯身而過」的關係。

然而自從二〇一四年，太陽花學運與雨傘運動同年發生以來，香港的民主勢力與台灣的獨立勢力，對彼此的共鳴與關注急遽升高。這彷彿就像發現中國共產黨這個「共同敵人」，於是產生夥伴意識並分享著受害者意識。

這樣的共鳴，在二〇一九年達到高峰。

香港在該年四月公布《逃犯條例》修訂案（送中條例），使得反抗運動一口氣沸騰。幾乎每周都展開百萬人規模的遊行，與企圖鎮壓遊行的中國政府、香港政府兩當局之間的對立逐漸升溫。香港的遊行逐漸在台灣引起共鳴。而「受惠」的，則是民進黨的蔡英文總統。香港的遊行使台灣對中國的警戒感升高，反觀蔡英文總統的支持率急遽上升，一掃原本的低迷。

台灣在2019年9月舉辦的「撐香港」遊行。作者拍攝。

香港民主派在該年十一月的區議員選舉中大獲全勝，共拿下八成的席次，美國亦通過《香港人權與民主法》（*Hong Kong Human Rights and Democracy*

台灣的蔡英文總統。作者拍攝。

Act）。蔡英文總統的氣勢更加銳不可當。

台灣的選舉，在過去每八年就會經歷一次政黨輪替。而現任總統即使在爭取連任的選舉中獲勝，支持率通常也會低於政黨輪替後的第一屆。

然而，民進黨的蔡英文總統在二〇二〇年一月，以史上最高的得票數勝選連任，同黨也在合併舉行的立法委員選舉中確保過半數的席次。台灣的選舉結果，對於以阻擋連任為目標，持續施加壓力的中國帶來強烈衝擊。

關於勝選的原因，許多媒體都指出香港的遊行起到推波助瀾之力。換句話說，香港的情勢左右了台灣的選舉。台灣與香港之間的共鳴，在這個時間點可說是達到巔峰。

至於新冠疫情（COVID—19）的蔓延，台灣則早世界一步掌握到中國武漢的疫情，透過縮減中國航班等迅速阻斷人員往來。台灣在與中國保持距離下尋求獨立的路線，無意間因新冠疫情而受到肯定，更進一步加速民意的「脫中」。下一次的總統大選預定在二〇二四年舉行，就現階段的預測來看，民進黨有可能將繼續維持政權。

香港《蘋果日報》最後一期。圖片來源：中央社。

另一方面，香港在二〇二〇年之後所面對的局勢，則與台灣完全相反。該年的六月三十日，國安法在沒有對香港市民進行任何說明或聽取其意見的情況下，就在全國人民代表大會上通過，並且即日實施。持續對中國持批判論調的香港日刊報紙《蘋果日報》，因基於國安法的舉發而被迫停刊，創辦人黎智英被捕入獄。民運人士周庭、黃之鋒因違反國安法或參加違法遊行等嫌疑而接連遭到逮補，選舉制度也遭到修改，將民主派合法排除。

民主派的身影從香港政壇消失，香港的「一國兩制」成為風中殘燭，「高度自治」已經有名無實。

二〇二〇年以後的這兩年來，中國對香港的干預一下子增強，相反地，台灣的「脫中」趨勢則一口氣加深。

對台港的態度，讓世界放心

我以台灣和香港為據點從事新聞報導，並多次前往當地進行採訪，台灣與香港這種相反的情勢變化，帶給我相當大的衝擊。因為我不得不更悲觀地看待台灣與香港的問題。

我從年輕時候，就對「大中華」與「中華圈」的概念很感興趣，大學時曾在香港中文大學留學一年學習語言。由於香港的主流是廣東話，在當地無法充分學習標準中文（北京話），因此我延長留學期間，前往台灣師範大學留學，磨練自己的中文能力。我進入朝日新聞社之後，在三十歲前獲得留學機會，這次的留學地點是位於福建省的廈門大學。

許多日本人都認為，台灣與香港，一個既像是中國的一部分卻又不是，一個看似不像是中國的一部分但卻是。

我喜歡與中國保持絕妙距離，讓人感到舒適的台灣與香港。我離開中國，前往台灣與香港旅行或出差時，雖然人們的風貌和語言沒有太大差異，但落地後所感受到的那種彷彿來到在本質上莫名不同的「外國」氛圍，卻讓我很享受。

對於遙遠的中國政府而言，以若即若離的距離擁抱這樣的台灣與香港，並且持續「共存」，似乎也是上策。

這樣的思維，也延續鄧小平的「改革開放政策」。

鄧小平在一國兩制的條件下接受香港從英國回歸，並呼籲以和平非武力的方式統一台灣。這些都是對台灣、香港這兩大領土問題所尋求的「軟著陸」，世界對這樣的態度感到安心，開始提供中國經濟支援、展開投資。對中國而言，台灣和香港是本國領土，恢復其主權是絕對不可退讓的問題，但也不要求兩地突然改變現狀，展現一種柔軟的姿態，這點讓全世界覺得或許能與中國保持友好關係。

對「民主愛國」的期待

於是，對中國的這種「寬容」抱持期待，希望與中國培養長期關係的團體，在台灣與香港逐漸形成。

譬如香港的民主派。民主派與香港獨立之類的偏激主張畫清界線，對中國的漸進式民主化寄予期待，他們與在中國內部追求擴大民主自由的自由派相互支持。這樣的概念稱為「民主愛國」，民主派的人希望與中國建立對等關係，而非主從關係。

另一方面，香港也存在親中派（香港稱為建制派），他們對於北京的言論，無論民主還是獨裁，基本上都照單全收。親中派與中國是老闆（中國）與部下（親中派）的關係。就中國的立場而言，民主派雖是體制內的異物，但只要不否定中國的主權，基本上就不拒絕其存在。

至於台灣，目前在野的國民黨，相當於中國在台灣的夥伴。國民黨雖然堅持「中華民國」主權，卻不拋棄「中國」這個國家概念。儘管中國屬於一黨獨裁政體，但依然能夠尋求經濟上的合作，加深相互利益關係，在遙遠的將來，如果價值觀一致的時代到來，也不排除統一的選項。

而中國也認為，追求台灣獨立的民進黨與中國水火不容，但如果是國民黨的話，就能夠合作。

香港的民主派與台灣的國民黨，都對中國的變化寄予某種期望，「只要能夠感受到中國正在進步，自己的路線就能有效發揮作用吧？」這樣的想法，也能套用在日本的「日中友好論」或是美國的對中政策上。只要多少仍抱持期待，就能成為維持、推動關係的槓桿。至於這個期待的合理性，只要有適當的解釋就夠了，即使勉強也沒關係。

實際上，無論台灣還是香港，對中國的經濟依賴都逐漸增強，除了既得利益者之外，提倡對中關係穩定化的人也逐漸增加。中文有一句成語「水到渠成」，意思是積年累月就會成就某件事物。中國總有一天會變得富裕，人們的思想也會變得開放，當這一天到來，大規模的政治改革就會像水流形成河川一樣地順勢發生。支持著這些人的想法的，正是這樣的期待。

情勢在習近平體制下惡化

二〇一九年的香港，人們為了追求民主化而展開遊行。以百萬為單位的人們，在炎熱的夏日香港，高聲抗議好幾個小時。

我看到這個行動時仍懷有期望：「習近平國家主席，或者中國共產黨，或許多少能夠認知到自己在香港政策上的錯誤吧？」

二〇一二年展開習近平體制之後，香港的情勢就每況愈下。這次的遊行，顯然是其中一個高峰。

香港的情勢在先前的江澤民、胡錦濤體制之下固然稱不上好，但至少也可算是在一定程度上順利運作。香港市民明確地起而對抗中國，是在轉變為習近平體制之後的事情。

只要有能力正視現實，想必就能發現中國的香港政策朝著錯誤方向前進。有了這樣的理解，必然得修改原本的政策。大規模遊行應可視為宣告危機的警鐘。

然而，習近平所選擇的對策卻是以「愛國者治港」的理論，對香港社會行使「全面管治權」。

「愛國者治港」，從鄧小平時代就開始有人提出。習近平將其置換成「愛國者=愛黨」的概念，並於香港實施，完全不允許對共產黨的統治提出異議，也不允許愛國者以外的人士參與香港政治，這代表民主派被排除於政壇之外。「全面管治權」也是習近平時代的象徵，一國兩制的「一國」才是重點，強調北京能夠控制香港的一切。

而在「全面管治權」之下，保障「愛國者治港」的就是《國安法》。

民主派、媒體與團體，在今日的香港幾乎完全失去存在空間。至於台灣，中國支持的國民黨也受到香港情勢惡化與中國政府強硬化的牽連，人氣低迷，二〇二四年的總統大權看似難以拿回政權。

共鳴嘎然而止，台灣及香港之間，再度拉出一條看不見的界線。如同前述，這條線應可稱為海上的柏林圍牆，就如專門研究香港政治的立教大學教授倉田徹所指出的，香港就是新冷戰的最前線。

如何不只是個旁觀者

我們不得不思考，這樣的情勢，到底帶給日本與世界什麼樣的啟示呢？如果只是覺得香港「好可憐」，或者為台灣「加油」打氣，就僅止於當個單純的旁觀者，或者不須負責的觀眾。

為了避免發生這種情況，唯有從本質上去面對台灣及香港發生的事情。只要中國的現狀繼續維持，我們是否終究不得不面對「香港化」與「台灣化」這個二選一的終極抉擇，只能選擇如香港一般遭到吞噬，或是像台灣一樣在了解風險的情況下走向自主之路呢？

中國政府對於日本這個「外國」，既不尋求統一，也沒有否定日本的主權。然而，面對這個異質超大國的崛起，儘管希望盡可能構築穩定關係，但其突出的軍事力與急遽的擴張野心，早已將日本人逼到不得不加入「對中包圍網」，強化與美國等國家結盟與合作的境地。

就本質來看，這與台灣所面對的狀況沒什麼兩樣。我們無法否定，如果日本與全世界都「台灣化」，有很大一部分的原因是出在中國。

當然同時也會出現一些國家，在面對中國的經濟力與軍事力時，選擇接受中國的影響，並與之靠攏。這些國家儘管能夠維持主權，對中國的批判也會因顧慮北京當局感受的當地政權取締，成為如香港一般，對中批判完全噤聲的地方。

我們原本既不希望「台灣化」，也不希望「香港化」。即使中國崛起，只要持續緩慢的改革，不陷入擴張主義，尋求與周邊諸國和平共存就能夠安心，對中國也不需抱持如此強烈的警戒心。

然而所有的一切，彷彿都從某個地方開始不對勁。

台灣的民進黨與香港的民主派，並未宣布獨立，也沒有全盤否定中國。但中國為何如此敵視他們，這件事本身就是一個謎團。

而解開這個謎團的關鍵，就在於中國面對台灣及香港的強硬態度背後的特殊理論。

第2章

為何台灣及香港對中國來說很特別？

必須回歸的領土

台灣與香港的問題，對中國而言到底有多特殊呢？這個問題看似簡單，實則困難，似乎知道答案，但其實也有容易忽略的部分。

中國極度重視台灣及香港的問題。為了正當化自己的統治，也必須將台灣、香港當成國家統一的目標。台灣及香港，與中華人民共和國、中國共產黨、人民解放軍存在的理由，有著難分難解的關係。

關於這點，可試著從領土的角度思考。

第一，對中國而言，台灣及香港的問題是領土問題。

經常有日本人問我：「台灣問題，就像是日本的北方領土問題或竹島問題嗎？[1]」但我卻不知道該如何回答。

中國對於現狀的認知，確實是「外部勢力非法占據的我國領土」。但就對

1 譯按：北方領土是日本與俄羅斯之間的爭議領土，目前由俄羅斯實質管轄。竹島則是日本與韓國之間的爭議領土，目前由韓國管轄。

國家的重要性而言，定位卻明顯不同。

我的意思並不是日本人不重視北方領土與竹島的歸屬，但中國對領土的執著，則是因為他們思考這個問題的角度與日本人略有不同。

日本人看待北方領土與竹島，帶有「原本屬於我們的土地被他人奪走」的不滿與憤慨。另一方面，中國人則將「因為我們弱小，土地才被奪走」的中國社會歷史自卑情結，投射到台灣與香港的問題上。

我並不打算把討論帶往現在的中國正試圖恢復朝貢體制的方向。沒有證據顯示，今日的中國將恢復朝貢體制視為國家的目標。即使從部分中國領導者的發言中窺見這樣的跡象，過去的朝貢體制與目前中國擴大路線的關聯性也很薄弱。但另一方面，中國近年來對外態度強硬，會被懷疑企圖重新建構朝貢體制儘管無可奈何，但也是事實。

中國在近代因清朝的衰敗，開始害怕再這樣下去，這個自古以來綿延持續的光輝國家將會滅亡。

「瓜分」這個詞彙，從切割分食碩大瓜果中誕生，而被列強分割的中國，在當時就用「瓜分」形容。

這一切，就從香港島因十九世紀的鴉片戰爭被割讓給英國（不久之後九龍半島也因第二次鴉片戰爭而遭割讓），台灣則因甲午戰爭被割讓給日本開始。進入二十世紀之後，歐美與俄羅斯勢力，也透過租借等方式接連闖進中國。

這麼一來，中國也必須仿照近代國家明確界定領土範圍，確定國名與民族名。近代國家的成立條件為「人民」「領土」「政府」，但中國的領土觀念，原本是沒有固定疆域的「勢力範圍」，國境本身並未清楚畫定。

雖然從清朝末年，逐漸轉換成以「nation」稱之的「國民國家」，但還來不及完成轉換，滿清政府就因辛亥革命垮台，中華民國成立。而清朝末年誕生的「必須確實保護國民國家的領土，不能被搶走」的思想，就由中華民國繼承。

這時，就浮現出解除不平等條約以恢復領土的目標。不管是香港還是台灣，在形式上都根據國際法也承認的國際條約割讓，英國與日本都並非違法占據。當然，我能夠充分理解英國的鴉片戰爭毫無正義可言，中國也不可能坐視日本入侵朝鮮。所以中國將鴉片戰爭與甲午戰爭定位為「不義之戰」，企圖藉由解除或修改戰爭結果所衍生的條約以取回領土。

這成為中華民國，以及之後的中華人民共和國至高無上的命題。

九州大學副教授益尾知佐子在《中國的行動原理》（中国の行動原理）中指出，以中國為中心的國際秩序在東亞解體以及領土遭到分割，帶給中國極大的失落感，成為中國對「帝國主義」的憎恨與「受害者意識」極度放大的原因。

這樣的受害者意識，形塑了對領土問題無法妥協的愛國民族主義。

從普世道理來看，把被搶走的東西搶回來也符合道義。因為積弱不振，所以土地才會被搶走。如果不變得強盛，還會再度遭到搶奪，所以強大是正確的。而不管是政府還是老百姓，為保護領土都不能表現懦弱，不能對過去威脅我們的外部勢力妥協。變強之後，就能把被搶走的土地奪回來。

中國如此看待領土問題，而這樣的思維就被灌輸到愛國民族主義裡。

這個理論建構起來之後，中國在面對領土問題時掌握絕對的「正義」，並且直接將這個理論套用到台灣、香港問題上。

自卑情節與失落感成為人類成長的驅動力，正義則成為人類主張的立足點。中國的愛國民族主義，原本就具備自卑情節與失落感這樣的強大引擎，對於「收復」被外國搶走的台灣與香港這兩塊領土，抱持近乎偏執的使命感。

專門研究中國政治的早稻田榮譽教授天兒慧在《中國邏輯與歐美思想》（中国のロジックと欧米思考）中說明，中國擔心「只要國家統一的框架稍微有那麼一丁點動搖，就會招致外國介入，導致統一的國家體制瓦解」，因此「使得中國當局在領土與主權的相關問題上，變成頑固到近乎偏執的民族主義」。

自古，是什麼時候？

不過，香港與台灣必須原本就屬於中國，這個理論才得以成立。這時，就必須出示「自古以來」的歷史考據證明。

在台灣方面，中國憲法的總論中寫著「台灣是中華人民共和國的神聖領土的一部分。完成統一祖國的大業是包括台灣同胞在內的全中國人民的神聖職責」。

「神聖領土」，具體而言是什麼意思呢？一九九三年國務院台灣事務辦公室公布的《台灣問題與中國的統一》白皮書中，從地理及歷史角度說明「台灣自古以來屬於中國」的論點：

- 台灣地處中國大陸的東南緣，是中國第一大島，和大陸是不可分割的整體。
- 距今一千七百多年前的三國時代《臨海水土志》中有關於台灣的著述。這是歷史上記述台灣最早的文字。
- 西元三世紀和七世紀，三國孫吳政權和隋朝政府都曾派萬餘人去台。
- 到了十七世紀，中國移民大量湧入台灣。
- 宋王朝曾派兵駐守澎湖。
- 一六六二年鄭成功在台灣設承天府。
- 一六八四年清朝設台灣府。
- 一八八五年清朝設台灣省並派任巡撫。

但只有這些，並不足以證明台灣「自古以來屬於中國領土」。

即使對於中國提出的證據採取較寬鬆的解釋，台灣屬於中國領土的起點，也應該是清朝設台灣府，開始管理部分台灣的一六八四年；如果對領土的認知是將全島視為統治對象，那麼甚至得到一八八五年設台灣府才能視為起點。這麼一來，就很難斷言是「自古以來」。因此，中國的學會也發表研究，試圖證明考古時代曾發生來自大陸的人類遷徙，企圖累積更多補強「自古以來」的材料。但主張在沒有領土概念的時期曾是「中國的領土」，不可能具有國際法上的意義。而且事實上，日本對台灣的統治從一八九五年持續到一九四五年，而一九四五年至今則由中華民國統治，因此中華人民共和國其實沒有任何一天統治過台灣。

至於香港，主權移交時開始實施的《香港基本法》清楚寫著「香港自古以來就是中國的領土，一八四〇年鴉片戰爭以後被英國占領」。

主要的論據從秦始皇時代的歷史開始，廣東省一帶被稱為百越，而秦始皇征服了統治百越的國家。相傳南宋遭蒙古滅亡時，年僅十歲的端帝曾逃到香港的九龍一帶，當地還有「宋王台」的紀念碑。除此之外，考古挖掘出的石器時代文物證明中國大陸與香港屬於相同文化圈，也是經常引用的證據。

但實際上，香港開始被認知為香港，是在一八四二年因鴉片戰爭割讓給英國之後的事情。香港這個地名何時誕生也未有定論，有一說認為，其名稱來自運出「香木」的港口，但這個說法終究只是推測成分。

因此，香港就歷史學的角度來看，遠遠稱不上是「自古以來的領土」，但既然寫進《香港基本法》裡，學校也只能這樣教。尤其在近年來增強的「中國化」教育之下，更是展開將「自古以來的領土」的認知，徹底灌輸給孩子的「改革」。

《蘋果日報》等媒體報導了教育界對此動向的質疑，並且批評「是否過度中國化」，但這些媒體在香港已不復存在。從今以後，「自古以來的領土」這句話將透過教育，更進一步地烙印在香港孩子的腦海裡吧？

民族主義需要歷史故事。而且必須是超越中國共產黨歷史的中華民族歷史。

尚未結束的中國內戰

「自古以來的領土」絕對不能失去。

這是透過中國近代革命所引入的意識形態，在中國的領土問題方面，出現了「不可分割的領土」這樣的表現。

試圖分割其領土的最大敵人是「獨派」。獨派試圖「分裂」中國這個國家。如果獨派的企圖得逞，「自古以來神聖不可分割的領土」就會失去。這麼做是罪大惡極的，不僅否定國家原理，甚至會被視為千古罪人。

二〇〇五年以台灣為對象制定的《反分裂國家法》，如此說明這個理論。

世界上只有一個中國，大陸和台灣同屬一個中國，中國的主權和領土完整不容分割。維護國家主權和領土完整是包括台灣同胞在內的全中國人民的共同義務。

台灣是中國的一部分。國家絕不允許「台獨」分裂勢力以任何名義、任何方式把台灣從中國分裂出去。

——《反分裂國家法》第二條

對中國來說，台灣與香港的「獨立」是絕對不容侵犯的底線。雖然都是領土問題，但中國將拿回台灣定位為「解放」，拿回香港則定位為「收復」。這樣的差異，主要源自對領土問題的認知。

香港是英國在鴉片戰爭中奪走的土地，必須收回來，所以中國一直以來使用的都是具有「收回」意涵的「收復」。

一九九七年，就國際社會來看是英國將香港的主權移交給中國，因此稱之為「香港的主權移交」，但中國使用的詞彙卻是「香港回歸」或「收復香港」。媒體等使用的官方說法是「回歸」，但中國政府內部的認知則是「收復」。

暫時由外國保管的香港終於回到祖國懷抱，「回歸」隱含了這樣的情緒。至於「收復」這個說法，則帶有奪回的政治意涵。

至於台灣，中國自始至終使用的說法都是「解放」，不會使用「收復」或「回歸」，因為中國所認知到的台灣現狀是「未解放地區」。

台灣在一九四五年日本戰敗時，已經由中華民國完成接收。後來中國發生國共內戰，在血流成河的戰爭當中，共產黨「解放」的地區愈來愈多，就連西藏也納入統治。國民黨的殘存部隊雖然遭到掃蕩，他們卻逃到台灣尚未投降，因此就共產黨的認知來看是「國內尚未平定」，台灣問題屬於內戰的延長戰。

中國共產黨將共產化的地區稱為「解放區」，軍隊名稱到了國共內戰時也稱為「人民解放軍」，並將其定義為打造解放區的軍隊。日本戰後學生運動占據東大安田講堂的攻防戰[2]等，也稱為「解放區戰鬥」。

中國在日中戰爭後，直接面臨如何「解決」香港與台灣的問題。英國已經迅速回到日本離開後的香港。蔣介石雖然強烈反彈，但美國也支持英國繼續統治，因此不得不默許。至於中華人民共和國基本上考慮到與英國的關係，也讓英國繼續統治香港。

2 編按：一九六八年夏至一九六九年初，由東京大學學生發起的一場學生運動。當時東京大學半數以上學生均參與這起運動。

至於台灣方面，一九四九年從中國本土撤退的國民黨，將政府功能原封不動轉移到台灣，立志以台灣為根據地反攻大陸。

中國共產黨雖然希望盡快攻下台灣，但解放軍在面對國民黨的關鍵一步金門登陸戰（古寧頭戰役）中吃下大敗。而後朝鮮戰爭（韓戰）爆發，美國於是介入台灣海峽情勢，共產黨直到最後都未能實現「解放台灣」的目標。熟知中國軍事史的東北大學教授阿南友亮稱之為「尚未結束的中國內戰」。

雖然台灣與香港都是中國「國家統一」的對象，但請不要忘記兩者之間本質上存在著「收復」與「解放」的微妙差異。

「兩岸」與「中台」的差別？

語言非常重要。

所有概念都透過語言表現而變得可視化。沒有被表現出來的事物無法認知，因此相當於不存在。所以翻譯就變得非常重要。A地區所沒有的B地區的概念，必須翻譯成A地區的人也能懂的語言。而創造新的詞彙需要想像力，所以翻譯的工作非常具有創造性。

不過，透過媒體傳達的外文翻譯，經常為了方便理解而犧牲了想像力發揮的餘地。用來形容中國與台灣關係的「兩岸」或「兩岸三地」，就是其中一個例子。

「兩岸」指的是中國大陸與台灣，但如果說到「兩岸三地」，指的就是中國與台灣、港澳。日本將「兩岸」翻譯成「中台」，但中台終究是我們這邊的解釋。使用「兩岸」這個詞彙時，中國人與台灣人都能聯想到中國與台灣關係的歷史特殊性。英語將兩岸翻譯為「cross-straits」，遠比日文更正確地傳達原文所隱含的意義。

翻譯成「中台」，有點不足以傳達「兩岸」這個詞彙的意涵，因此產生了意義上的偏差。中國與台灣、香港之間，無論規模面還是實力面都嚴重地不對等，將其相提並論對日本人而言難以理解。反之，無論在中國還是台灣，都有人覺得「中台問題」這樣的翻譯不太對勁。

我向日本人解釋「兩岸」的概念時，經常以「這是認知的框架」來說明。換句話說，對中國而言，「兩岸」同屬「一中」的認知非常重要。因為同屬一中，所以只存在唯一的解決手段，那就是回歸「祖國」懷抱的「統一」。「兩岸」也隱含了這樣的意象：因為各種狀況而各奔東西的夥伴再度回到巨大的祖國的懷抱。

更進一步拆解「兩岸」這個詞彙，「大陸」與「台灣」的關係就會從中浮現出來。不是「中國」與「台灣」，因為中國政府的立場是將台灣視為中國的一部分作為前提，因此「中國第一大島」台灣所對應的概念不是「中國」，而是「大陸」。中國已經將台灣包含在內，所以在這裡使用中國這個稱呼，意義上就會變得有點奇怪。

在台灣，親中派的國民黨相關人士傾向使用「大陸」與「台灣」。他們信奉中華民國體制，因此不想將中華人民共和國稱為「中國」。當然，現在的中國在論及台灣問題時，也會稱自己為「大陸」或「中國大陸」，稱台灣為「台灣地區」或「中國台灣」。

另一方面，與中華民國體制保持距離的民進黨人士，則偏好使用「中國」與「台灣」的組合。或許因為民進黨政權長期執政的關係，「中國」在台灣變得比「大陸」更突顯。與台灣人聊天時，觀察對方稱中國為「中國」還是「大陸」，就能隱約了解其政治上的立場。

認知的框架

與「兩岸」相似的詞彙，還有「港澳台」。這是香港、澳門、台灣的簡稱。港澳台也和兩岸一樣，展現的都是「認知的框架」。

香港、澳門、台灣在中國近代史中屬於被列強奪走的領土，總有一天必須收復。港澳台的框架，或許可說是隱含了這樣的決心。

生活在港澳台的人們基本上被定義為「同胞」。香港、澳門的人民在主權移交後成為中國國民，但仍繼續被稱為同胞。至於台灣人民也維持台灣同胞的稱呼，「港澳台同胞」的地位沒有改變。

中國的機場除了國際線與國內線之外還有港澳台路線，也有港澳台人使用的通關櫃台。他們在辦理入境手續時，使用與中國護照不同的文件，因此地位有點類似介於「外國人」與「國民」之間的感覺。

中國的中央政府國務院中，設有香港澳門事務辦公室與台灣事務辦公室，兩間辦公室都安排了地位相當於閣員的「主任」。現任的中國外交部長王毅[3]，也曾有一段時期擔任過台灣事務辦公室的主任。

地方政府也有以「港澳台事務辦公室」的形式，統一處理港澳台事務的例子。大學在招募學生時，也有不同於留學生的「港澳台」學生名額，有時也會將「港澳台」加上一個「僑」（華僑子弟）字。港澳台雖然不是外交問題而是內政問題，但又與一般的內政問題不同，以上這些舉措都展現出中國內部這種微妙的定義。

因為採用「兩岸」或「港澳台」這種特殊的認知框架定義台灣與香港，對中國而言是具有重要意義的問題。

讓孫文成為中台的共通點

無論是「兩岸」還是「港澳台」，都無可避免地需要共通點，而掌權者往往會強行從歷史中尋求解方。

關於這點，中國最高領導人習近平國家主席，就讓我留下深刻印象。中華民國的國慶日是武昌起義的十月十日，推翻滿清的行動就從這天揭開序幕。由於有兩個十，因此被稱為「雙十節」。台灣在每年雙十節都會舉辦盛大的慶祝儀式。然而中國在二〇二一年的十月九日，舉辦了辛亥革命一百一十周年的紀念大會。台灣總統沒有出席議會的義務，所以也沒有施政方針演說等定期表達想法的場合，雖然會不定期發出聲明，但長期以來，闡述國家願景的場合頂多都只有雙十節演說。習近平以挑戰這點的形式，傳達「孫文的繼承者是中國共產黨」的訊息。

3 編按：現任中共中央政治局委員、中央外事工作委員會辦公室主任。

這並不代表孫文的想法接近中國共產黨。就想法層面來看，倒不如至今依然主張三民主義的台灣更具有繼承者的資格（儘管台灣的三民主義也徒具形式）。但中國共產黨的史觀卻是，唯有中國共產黨才是現在的正統繼承者。中國一直以來都支持歷代王朝是由「上天」選出來的「正統政權」，而這就是「天下」這個概念的由來。

清朝滅亡了，推翻滿清的是中華民國，接著中華人民共和國在一九四九年驅逐了中華民國並建立國家，從此以後自己就是中國的正統政權。台灣（中華民國）早已滅亡。這麼一來，推翻滿清的孫文的意志由中國共產黨繼承，就變成一件重要的事情。

除此之外，傳達這個訊息還具有向台灣尋求共通點的政治目的。

關於這點，有個人幫習近平把他想說的話說得更詳細，這個人就是台灣的孫文學校校長張亞中。

二〇二一年九月，張亞中成為台灣政治的「颱風眼」。他在政治上儘管是完完全全的素人，卻在決定最大在野黨國民黨領袖的黨主席選舉中大放異彩，拿到了超乎想像的得票數。

他原本是兩岸關係的研究者，在中國與台灣愈走愈近的馬英九政府執政時期開始出名，而後進入國民黨旗下的孫文學校任職。他在黨主席選舉中標榜的是近乎極端的統一路線。這樣的路線雖然與台灣的主流民意相去甚遠，但國民黨的黨員結構由高齡的統派占多數，對於現任蔡英文政權的批判也很明確，因此他博得超乎想像的人氣，甚至一度展現出可望當選的氣勢。雖然最後並未勝選，但也獲得第二高票，前任黨主席江啟臣則退居第三。

張亞中是這樣主張的。

孫文思想是兩岸關係的最大公約數，必須全面理解包含統一在內的孫文理念。民進黨雖然徹底批判蔣介石，但只要繼續主張「中華民國」，就不能在無視孫文的情況下參加雙十國慶。孫文是兩岸三地，甚至是全球華人社會的最大公約數，孫文絕對尋求統一。我們必須思考孫文在臨死之際，為什麼會說：「革命尚未成功，同志仍須努力。」

這樣的主張旨在論證張亞中所說的，中台關係的最大公約數，就在於孫文的思想。

靠「故宮」證明兩岸密不可分

還有其他尋求「兩岸三地」或「港澳台」最大公約數的行動正在悄然進行。譬如北京故宮博物院的分院，於二〇二二年七月在香港開幕。

我長年以來一直關注著故宮的問題，詳細內容寫在拙作《兩個故宮的離合》，而我撰寫這本書的出發點，就是「為什麼同時存在北京與台北這兩座故宮？」

無論北京還是台北，故宮的名稱都是「故宮博物院」（台北還冠上「國立」），館藏也都以歷代王朝的皇室收藏為中心，涵蓋從古代到近代的書畫、陶瓷器、青銅器等傑作這點也相同。

為什麼中台雙方同時存在名稱相同的博物館，而這兩座博物館不會彼此否定嗎？這可以追溯到蔣介石在國共內戰中戰敗撤退到台灣時，從北京故宮帶走了五十萬件以上的文物。因為他試圖利用故宮文物，證明中華民國才是中國的「正統政權」。

成立於中國大陸的中華人民共和國政府原本攻擊蔣介石是「賊」，但不久後就改變想法，認為故宮的文物存放在台灣，對於將來統一沒有壞處。因為故宮就是中國，如果將其視為中國的象徵，那麼這些文物放在台灣，就能證明台灣是中國的一部分。

蔣介石在冷戰時期，對以美國為首的全世界宣傳「中華民國才是正統的中國政府」。中國對這個說法批評歸批評，但實際上卻似乎沒有表現出多大的反彈。因為到了一九六〇年代，國民黨幾乎已經不可能反攻大陸，所以也不再是中國的主要敵人。

這麼一來，中國最需要警戒的對象，就變成在台灣崛起的台獨論，於是他們改變想法——蔣介石、蔣經國父子利用「中華民國」打壓台獨論也沒什麼不好。

故宮證明了台灣是中國的一部分，未來統一的時候，反而能成為雙方的牽絆……中國的領導層懷抱著這樣的期待。

二〇〇八年台灣發生政黨輪替，重返執政的國民黨在拿回政權後的開路先鋒，就是利用這兩座故宮的兩岸故宮交流。二〇〇九年二月，當時台北故宮博物院的院長周功鑫在隆冬之際前往北京，這是台灣閣員級官員首度訪問中國，而我也一同前往。中台雙方大肆報導這則新聞，故宮之間的交流就被用來做為中台深刻牽絆的證明。

中台故宮之間的交流，在後來國民黨執政的時代更加深入，甚至還舉辦北京故宮的珍貴文物在台北故宮展示等的交流展。然而二〇一六年民進黨重返執政後，兩岸故宮的交流立刻凍結。儘管故宮是博物館，但依然屬於政府機構之一，因此在兩岸衝突加深的情況下，交流當然也不可能進行。

故宮，香港也蓋一座

雖然與台灣故宮的交流已經停止，但接下來卻換成在香港展開有關故宮的全新行動——中國打算在香港建造一座故宮。

為什麼香港需要故宮呢？其意義主要來自四個層面：

- 近代革命的延續。
- 香港回歸的證明。
- 利用中華文明的滲透對抗香港本土思想。
- 宣揚習近平的「中國夢」政策。

辛亥革命推翻滿清政府後，故宮就以中華民國「革命成果」之姿，從皇家的寶物庫搖身一變成為博物館，象徵將封建時代由王公貴族霸占的文物歸還給人民。文物與人民同在，是中國近代革命的一種方式。

二〇〇七年舉行香港回歸十周年的紀念大會時，中國將北京故宮最重要的文物《清明上河圖》借給香港。這幅畫是國寶中的國寶，從來未曾離開過中國本土，中國在香港展示這幅畫的政治目的顯而易見。

中國企圖透過文化，證明自己已經收復被英國搶走的香港。香港因英國而西化，人們的生活習慣混和了中國元素與西洋元素。雖然就我來看，香港人歐美化的都是次要部分，譬如擁有英文名字或是看重法律與規則等，但主體依然保留漢族的生活習慣，但中國卻很在意其殘存的殖民地氣息。他們或許想方設法地試圖在香港加深中華文明的色彩。

掌握「文化主權」

中國除了「領土主權」之外，就連「文化主權」也要握在手上的思維，已經超出日本人的理解範圍。

中國至今仍鍥而不捨地要求各國歸還英法聯軍掠奪的圓明園文物。十二生

於中國北京展示的圓明園十二生肖獸首銅像。作者拍攝。

肖獸首銅像散布於各國的問題，就是其象徵。每當其中一個雕像登上拍賣舞台，愛國商人就會高價競標，或對拍賣會本身施加壓力迫其取消。

中國人用文化主權，說明他們對於收復分散各國的文物的執著。其背後所依據的思想就是「文化是中國的體現」。

或許，中國當局將《清明上河圖》送到香港時，就已經有了「香港故宮」的構想。

香港故宮的計畫在相當唐突的情形下展開。香港的親中媒體在二〇一七年報導建造故宮的計畫，這想必也與香港當時的政治情勢有關。二〇一四年的雨傘運動雖然未能實現政治改革，但遊行者藉由占據金融區將自身的不滿傳達給全世界，整體而言也獲得香港社會的支持。這些年輕人的自信更加深厚，並透過強調「香港價值」與「香港認同」，企圖與中國畫清界線。

中國當局為與之對抗，極有可能想透過在香港建造「故宮」，作為具體呈現習近平所主張的「中國夢」之紀念碑。正因為故宮本身所代表的強烈政治意涵，所以才擁有某種魔力，使政治家相信能夠將自己所追求的「兩岸三地」或「港澳台」的文化結晶託付給故宮。

預定上任的香港故宮院長，在提及與台北故宮的關係時表示「已經以交流為前提多次聯絡」。但台北故宮的吳密察院長則否認這點，並表示「香港已經不再是自由的香港，今後的交流將遵守政府的政策，在沒有附帶政治條件的情況下才會開始交流。」

如果這發生在推動故宮交流的馬英九政權時代，或許會被視為美談，並討論後續該如何進行。但台灣在政黨輪替之後由民進黨執政，雖然不否定與中國之間的文化交流，卻不考慮只讓故宮扮演某種特殊角色。

中國試圖透過台北故宮與香港故宮之間的交流，再度重申「兩岸三地」文化連結的想法，以及台灣不隨之起舞、希望走出自己的台灣路線的想法，就是「兩岸三地」在涉及到文化主權時所迸出的火花。

利用博物館進行外交，尤其在中華圈不是什麼意外的事情。過去曾經有過中台之間的故宮成功交流的案例，因此香港故宮或許會被視為最大公約數的指標吧！

家人與血脈

中國尋求最大公約數的努力，不是只有孫文與故宮。

習近平就任國家主席後，在呼籲強化對台交流時，總是堅持使用讓人們意識到「血緣」的話術。

譬如「兩岸一家親」。這句話的意思是，「中台」之間的關係就像家人，雖然自一九四九年後暫時分離，但兩者原本是一個共同體，並呼籲雙方再度走在一起。

除此之外經常使用的還有「血濃於水」。二〇一五年在新加坡舉辦的歷史性會談「馬習會」，讓這句話突然紅了起來。習近平在開頭的致詞提到：「兩岸關係六十六年發展歷程表明，不管兩岸同胞經歷多少風雨，有過多長時間隔絕，沒有任何力量能把我們分開，因為我們是打斷骨頭連著筋的同胞兄弟，是血濃於水的一家人。」

他們有時也會為血緣添加一些歷史風味。「炎黃子孫」也是常用的詞彙。炎黃是中國傳說中的皇帝——炎帝與黃帝，這個詞彙源自歷史悠久的中華民族後代的意識。中華民族是在辛亥革命後散布的人造概念，內容空洞沒有實體，但「炎黃子孫」卻被當成政治化的中華民族概念內涵，在香港與台灣被廣泛使用。

為什麼居高臨下？

中國儘管強調與台灣、香港的特殊連結，卻又為什麼經常採取居高臨下的態度呢？這樣的態度，經常招致台灣人及香港人的不滿與背離。雖然明顯是惡性循環，但中國居高臨下的態度，到了習近平時代更是變本加厲。

儘管地位特殊，態度卻又採取居高臨下。就我來看，就如同前面所指出的，解讀中國這個國家的扭曲心理，關鍵就在於投射到台灣及香港問題上的自卑情結。

將國家擬人化必須謹慎，但中國是人治因素極高的國家，絕對無法透過「國際政治學」的權力平衡理論分析台灣及香港問題。解讀中國政治中的台灣及香港問題時，不能只透過社會科學的角度，也必須從人文科學的角度著手。

中國現在已經成為大國，從現在的中國很難想像其自卑情結，也就是自卑感，但中國近現代史中的民族主義，就是為了擺脫屈辱而誕生的思想。

日本在明治時期之後的民族主義，是「我們要趕上，甚至超越歐美列強，所以必須成為強大的國家」，至於中國從清朝末年之後的民族主義，則是「不要忘記歐美列強（包含日本）所帶來的痛苦。所以我們必須成為強大的國家」。日本的出發點是中性的，中國卻是負面的。

從光榮轉變為黑暗的歷史

中國擁有數千年的歷史、以三大發明為首的光輝文明，以及全世界最先進的政治系統。中國透過由皇帝掌權的中央集權制度經營巨大的國家。這樣的制度在秦始皇的時代實現，並建立了從車軸寬度、被稱為度量衡的計量方法，以及文字到貨幣的統一制度。到了宋代，引進了平等的人才錄用系統，透過科舉選出官員，採取不論家世背景的實力主義，破除封建式的貴族政治。評論家與那霸潤在《中國化的日本（增補版）》（中国化する日本 増補版）中指出，宋代中國「雖然在經濟與社會方面徹底地自由化，但在政治方面，依然建立了透過極權統治以維持秩序的機制」，我們甚至能夠想成是，中國早在數百年前就已經完成了日本的明治維新。

中國是如此進步，只要自我認同是中國人的人，任誰一開始都會被灌輸這樣的中國有多麼厲害的觀念。在這種情況下，過去的光榮難免會帶來消極的意識。中國人常說「以史為鏡，開創未來」，這句話的意思相當於未來無法在不認識歷史的情況下開創。反過來說，中國人之所以會回顧歷史，是因為歷史光輝燦爛。但如此光輝燦爛的歷史，卻在某段時期突然黯淡下來，這段時期就是清朝末年。

中國的領土遭到瓜分，面臨成為歐美日列強殖民地的危機，台灣、香港、澳門就是其代表。中國在台灣的主權因甲午戰爭而被剝奪，香港是在鴉片戰爭，澳門則是在與葡萄牙的談判。建設近代國家時，「收復失土」與自卑情結一起被植入中國的國家認同當中，成為誰也無法質疑的命題與義務。

既然收復是義務，當然就絕不允許丟失。中國的領土與主權，無論如何都必須守住。中國人就這點而言，由上而下都能一致團結。沒有什麼比國家層級的集體意志符合領導者的邏輯更強大了。

時至今日，這樣的自卑情結不僅沒有消失，甚至濃密地普遍存在於中國社會，這是身在日本的我們所難以想像的。

我們只認識現在以大國之姿與美國正面交鋒的中國，所以會覺得香港不是已經透過主權移交，正式從英國手上收復了嗎？至於台灣，不是也在經濟規模及軍事力方面凌駕其上了嗎？

但是對中國來說，「收復領土」尚未完成，他們總是懷疑外敵（主要是美國、歐洲及日本）不是真心希望中國發展，隨時都為了分裂中國或阻止中國崛起而謀畫著什麼詭計。

因此中國高度猜忌外部的介入，反應極度敏感，往往會有相信「陰謀論」的傾向。尤其在面對自卑情結的根源——台灣與香港時，這樣的傾向更是明顯。

畢竟台灣與香港是「百年恥辱」的起點，也是埋藏在中國政治最深處的痛。

利用「顏色革命」醜化外部勢力

中國在面對香港情勢的惡化時，主張這是「顏色革命」的重現。「顏色革命」，指的是二〇〇〇年左右，在蘇聯、東歐及中東各國發生的，對抗獨裁與腐敗的民主化運動，譬如喬治亞的「玫瑰革命」、烏克蘭的「橙色革命」、突尼西亞的「茉莉花革命」等。台灣的「太陽花學運」在取名時，也有意識地仿照其以植物命名的系統。這些革命的名稱多半與色彩及花朵有關，因此統稱為「顏色革命」。

中國對抗「顏色革命」的意識極度強烈。顏色革命在日本幾乎不再使用，但在中國媒體卻頻繁出現。他們對顏色革命的敵意，源自於美國與其陣營為了削弱中國的實力，以民主為藉口攻擊，妨礙中國崛起的偏執世界觀。而香港，就成為這種情緒首當其衝的對象。

舉例來說，香港參與遊行的年輕人都身穿黑衣並戴著黑色口罩，因此遊行在中國也被稱為「黑暴」。而中國也認定顏色革命是由歐美，特別是美國所策動的。二〇一九年十月四日，國務院香港澳門事務辦公室斷定「現在所發生的，是在外部勢力插手干預下演變而成的『港版顏色革命』」。

中國政府派駐在香港的前哨機構「中央人民政府駐香港特別行政區聯絡辦公室」主任駱惠寧，實際上握有超越行政長官的權力，可說是香港的地下領導人。他在二〇二〇年中國建國七十一周年紀念日談到顏色革命時，吹噓「國家日益強大，阻止了香港墮入顏色革命的深淵」。

中國官媒《新華社》在二〇二一年的中國共產黨六中全會前，以長篇評論形容習近平的功績：「在二〇一九年發生於香港的暴動中守住一國兩制，粉碎了反中亂港勢力在『顏色革命』的圖謀。」

然而，就我多次前往當地採訪的立場來看，香港發生的事情可說幾乎不帶有顏色革命的成分。確實有民主派的成員與美國政府關係密切。民主黨的創黨人李柱銘與美國政要之間擁有厚實的管道，在香港主權移交前曾拜訪美國會見柯林頓（Bill Clinton）總統，二〇一九年也會見了時任美國國務卿的龐培奧（Mike Pompeo）。同年，在香港政府擔任第二大政務官，被稱為「香港良心」

的陳方安生，也曾與美國總統川普（Donald Trump）的副手彭斯（Mike Pence）會面。但兩人都是呼籲美國重視香港問題。他們雖然尋求美國支持，卻絕非利用美國在香港引起動亂。

然而，中國如果不咬定香港的民主化運動是「美國策畫的顏色革命」，事態就會演變成香港人民因對一國兩制不滿而發動「改革」，這麼一來就會很棘手。

二〇一九年八月，中國共產黨的中央政法委員會官方網站「中國長安網」，點名《蘋果日報》創辦人黎智英、李柱銘、陳方安生與民主黨幹部陳俊仁等四人為「禍港四人幫」，並列舉出十四條試圖破壞一國兩制的罪狀。而第一條，就是「鼓動極端違法行為，甘做『美國走狗』」。他們無論如何，都想得出「香港人是受到美國操控」的結論。

咬定李登輝是獨立運動主謀

至於台灣問題方面，陰謀論也同樣受到青睞。

雖然李登輝被中國批評為獨派，但李登輝本人在任期內卻從未主張過台灣獨立。他所尋求的是「中華民國台灣化」，將原本屬於大陸政權的中華民國，轉變為符合台灣大小的國家。

這對中國而言也稱不上壞事。傳統台獨勢力的想法是廢除中華民國，但在人脈上與獨派走得較近的李登輝，並未改變捍衛中華民國體制的態度，因此獨派也基於對李登輝的信任，收斂他們的台獨理論，使雙方取得平衡。

李登輝在一九九九年發表了「兩國論」，指出「台灣與中國是特殊的國與國關係」，建議台灣與中國以承認彼此有著斬也斬不斷的特殊關係為前提，尋求雙方的妥協點。

但「兩國論」卻激怒中國，中方全面否定李登輝的發言。李登輝在國民黨內也受到攻擊，最終在卸任總統之後被迫退出國民黨。於是，他逼不得已組建自己的政黨並與民進黨合作。咬定李登輝是「獨立運動主謀」的中國，想必一步也不肯退讓。

如果當時中國願意以「兩國論」為出發點與台灣進行對話，日後處理台灣問題時或許就會更輕鬆。距離李登輝時代過了八年，國民黨的馬英九政權所提出的與中國之間的融合路線「九二共識」，實際上就相當於承認中華人民共和國與中華民國之間存在特殊的國與國關係。

中國缺乏具備正當性的選舉制度

中國之所以為台灣及香港貼上與事實不符的標籤，並試圖否定所有追求獨立與自治的行動，將其視為「獨立的陰謀」，是因為他們背負著某項原罪——中國並未舉辦選擇執政者的選舉。中國無法透過民主機制吸納多元民意，也不能夠在全面肯定與全面否定之間提供多樣化政治選擇，因此就難免失去接受建設性批評的空間。

共產黨在漫長的戰爭及內戰中勝出，建立了中華人民共和國。但這已經是七十多年前的事了，現在的領導階級不具備這樣的功績。原本在這之後，必須透過徵詢民意的選舉以確認人民的信任。來自民意的信任必須經常透過選舉確認，否則終究和認可權力由固定人士繼承的封建主義王朝體制並沒有什麼兩樣。

然而，中國無法引進選舉並拋開共產黨的獨裁統治，因此總是擔心失去民眾的信賴，導致民眾與海外的民主化運動相呼應並推翻政權。任何的異議或是反對意見，都被視為反體制而遭到壓制，所有從中國外部提出的問題也都被當成陰謀論處理。對於權力挑戰的過度反應，很容易因為缺乏正統性（legitimacy）而一再發生。

習近平體制下的台灣及香港政策，就可說是因缺乏正統性而導致領導人採取過度反應的典型。所有香港人追求務實改革的呼聲，都被封印在「顏色革命」與「港獨」（香港獨立）陰謀的標前下，結果就是以強權鎮壓人民的不滿。

理解中國的「入口」

我們需要做的，就是對於中國為什麼如此重視台灣、香港，而台灣及香港對中國而言又具有什麼意義等根本性的問題，持續懷抱著問題意識。

日本的中國研究長年來一直低估台灣及香港。共產黨政權在歷史脈絡與政治脈絡下如何看待台港問題？台港問題對於近代化後的中國這個國家，具有什麼樣的意義？我們應該將中國對國家統一的迫切希望，以及將台港與民族主義綁在一起的特殊性，更仔細地傳達給日本社會。

「那麼一丁點大的台灣與香港不可能撼動巨大的中國，台港問題在美中關係、日中關係中，不過就是一個附帶的題目」這樣的想法，至今依然在日本社會根深柢固。但情況真是如此嗎？

台灣的面積與日本的九州差不多大，至於香港的面積則是東京的一半。但就GDP來看，台灣在全世界的排名是第二十二名（二〇二一年，國際貨幣基金組織），香港的GDP也與新加坡及越南相當，單就實力來看屬於中等國家的水準。而且舉例來說，就全球局勢而言，古巴、北韓、巴勒斯坦等國家雖小，但其所展現的存在感無論好壞，都無法以國家的大小來解釋。我們應該看的是他們對現實世界的影響力。

另外還有一個問題，倘若把台灣及香港視為中國問題的「出口」，對於現況的掌握就難免不夠確實。

在理解中國時，台港問題是極其重要的「入口」，而不是「出口」。而對於近代中國與共產黨來說，台灣及香港是建設國家的出發點，是動力的根源，也是神聖的目標。因衡量國際情勢的算計與揣摩所能介入的空間，超乎想像地小。我們必須首先牢記這點。

那麼，中國歷屆的領導人是如何處理台灣及香港問題的呢？

第3章

中國領導人眼中的台灣及香港問題

孫文對台灣的看法

中國共產黨在二〇二一年迎來創黨一百周年。在這段期間，稱得上發揮絕對領導力的只有兩人，分別是毛澤東與鄧小平。而現在的習近平，即將成為堪與這兩人相提並論的領導者，在歷史上留下他的名號。

那麼，這三人如何看待台灣及香港問題呢？為了解決台港問題，又採取了什麼樣的行動呢？

中國共產黨在歷史上並非總是把統一台灣視為金科玉律。雖然出乎意料，但他們甚至支持過台灣獨立。這與中國這個國家的起點有關。為了理解這點，先讓我們看看革命之父孫文對台灣的看法。

為中國革命奉獻一生的孫文，在一九一一年辛亥革命前以日本為據點的時期，曾三度拜訪日本統治下的台灣。台灣也有孫文的支持者與同志，他甚至考慮將台灣作為革命基地。而孫文在台灣也很受歡迎，在他去世時還舉行了追悼大會。

孫文對於台灣的地位幾乎沒有留下明確的說法。如果根據孫文的革命思想，就算他說台灣應該推翻日本的統治也不足為奇，但他卻沒有這麼說。

孫文的左右手，以知日派政治家聞名的戴季陶在一九二七年發表的演說，可說是孫文提及台灣的唯一記錄。

總理（孫文）逝世之前，曾在北京向我談起有關日本的若干事。其中至少有三項極為重要，一是廢棄日本和中國所締結的一切不平等條約，二是讓台灣及高麗兩民族實行最低限度的自治，三是日本不應阻止蘇聯和台灣及朝鮮的接觸，這是我們最低限度的要求，由這件事亦可看出總理雖在病中，卻仍愛護關懷著台灣同志。我們的第一目標是在台灣設立議會和自治政府。這就是總理對我說的事。

孫文遭清朝通緝，受到日本政府庇護，因此他或許想要避免刺激日本政府。但至少他並未主張台灣是必須從日本手中奪回的領土。這可能也與台灣對清朝而言是個曖昧的存在有關。

明朝以前，台灣從未被視為中國歷代王朝的領土或勢力範圍。鄭成功在台灣設置對抗清朝的據點，使清朝意識到關注台灣的必要性，因此在台南設行政據點「台灣府」也是一六八四年的事情。即使如此，其公認的統治範圍主要仍局限於台灣西半部。直到日本出兵台灣（一八七四年）後，才終於在清末將台灣視為台灣省，納入統治範圍。因此中國知識分子對於台灣是否為清朝領土的看法，並非完全一致。

毛澤東是獨派？

中國共產黨也受到孫文的影響。

毛澤東在看待台灣問題時，原本的立場也不是統一或武力解放，他甚至還反過來發表期待台灣獨立的聲明，這件事在台灣也經常成為熟知歷史者的話題。

二〇二一年十一月，三名台灣的民進黨人士被中國政府點名為「台獨頑固分子」，其中之一是台灣現任立法院院長游錫堃，他對此如此表示。

如果（中國）要批判台灣獨立的支持者，那就公平一點，不要放掉毛澤東，因為他在我還沒有出生前，就開始支持台獨！

這段發言背後有一段歷史。

國際共產主義運動的領導組織第三國際，依據「殖民地的完全獨立」方針，打算在台灣發展共產主義運動。一九二八年台灣共產黨成立時，作為日本共產黨的分部經營，第三國際並對台灣的黨員下達接受中國共產黨指導與援助的指示。

台灣共產黨的誕生，從一開始就以日本為父、以中國為母，內部也存在著該隸屬於何者的爭議。尋求從日本獨立的不只台灣，日治朝鮮時代的朝鮮共產黨也一樣。這兩個黨在第三國際的統一領導下，將中國共產黨視為友黨，是共同對抗帝國主義的夥伴。

台灣共產黨的黨綱由日本共產黨起草，再獲得中國共產黨的認可。成立大會於一九二八年在上海舉行，雖然有中國共產黨的來賓，但日本共產黨卻沒有派人參加。當時日本共產黨因反對天皇制而受當局鎮壓，組織岌岌可危，沒有多餘的心力，因此改由中國共產黨支援。但共產黨在台灣的活動只持續了三年，因為日本的台灣總督府擔心左派運動蔓延，而將幹部一網打盡。

毛澤東支持台灣獨立

台灣共產黨在這樣的背景下成立，因此毛澤東在一九三六年與日後撰寫《紅星照耀中國》（*Red Star Over China*）的美國記者愛德加・史諾（Edgar Snow）見面時，曾如此表示。

當我們收回中國的失地，獨立以後，如果朝鮮人民希望掙脫日本帝國主義者的枷鎖，我們將熱烈支援他們爭取獨立的戰鬥，這一點同樣適用於台灣。

毛澤東支持台灣獨立的發言，還有後續。一九四七年，日本戰敗離開中國，隨後國民黨與共產黨之間展開激烈的內戰時，毛澤東接受人民解放軍的機關報《解放軍報》的採訪，並提到：

> 我們中國共產黨所領導的武裝部隊，完全支援台灣人民反對蔣介石和國民黨的鬥爭。我們贊成台灣獨立，我們贊成台灣自己成立一個自己所要求的國家。

這的確是中國共產黨的「黑歷史」。前面提到的游錫堃發言，指的就是這個部分。

那麼，毛澤東為什麼會這麼說？

因為如同前述，台灣在中國的領土定位存在著不確定性。關於這點，可從兩方面思考。

日本在戰前統治的殖民地是台灣與朝鮮，但這兩者卻有著不同的歷史脈絡。朝鮮雖然是中國的藩屬國，卻仍存在獨立的王朝。日本廢除李氏王朝，將朝鮮半島變成殖民地，因此朝鮮人民的獨立運動追求的是擺脫日本統治。

至於台灣則是由清朝割讓給日本，狀況與割讓給英國的香港類似。但清朝統治全島的感覺並沒有那麼強烈，充其量就只是把台灣視為「半領土」。無論是台灣人還是中國人，對於台灣是中國這個國家的一部分都缺乏明確認知，因此對於獨立運動的認識，自然也與朝鮮沒什麼兩樣。

中華民國在一九四五年接收台灣，並在實質上將其納入統治，但毛澤東，或者中國共產黨對台灣的認知，可說依然保留了曖昧的部分。

相較於國民黨，中國共產黨對台獨更友善。就國民黨的立場而言，採取徹底鎮壓被視為台獨勢力的人士，是比中國共產黨更堅定的「反台獨主義者」。這樣的情況讓人感受到台灣問題的「錯亂性」。國民黨對台灣的共產主義者抱持著過度的警戒感，他們之所以在一九四七年發生鎮壓民眾的「二二八事件」後仍長期實施戒嚴，徹底防範共產主義滲透，就是因為懷疑中國共產黨在幕後策畫台灣獨立的陰謀。

新國家是「中華人民共和國（中華民國）」？

毛澤東和中國共產黨在台灣問題上採取更加耐人尋味的行動。有一段插曲是毛澤東在一九四九年後，仍試圖保留「中華民國」的名稱。

中國共產黨在國共內戰中獲勝已成定局，建立新國家成為當務之急，於是他們開始針對這個新國家該取什麼名字展開討論。據說毛澤東主張將沿用「中華民國」這個國名。但另一方面，劉少奇等其他幹部則反對這個想法，他們表示「如果國名保持不變，或許會讓人覺得與國民黨時代沒什麼兩樣」，因此據說中國共產黨曾一度傾向採取以「中華人民共和國」為正式國名，把「中華民國」設為簡稱的想法。

最主要的原因是部分人士希望繼續沿用孫文曾使用過的中華民國這個名稱，以尊重「國父」孫文發起辛亥革命，成功推翻滿清的功績。「中華人民共和國（中華民國）」也實際寫進當時的《中國人民政治協商會議共同綱領》草案當中。

然而，在隨後的討論中接二連三出現反對意見，譬如「沒有國名像這樣還帶著（）〈括弧〉」「這麼做會削弱革命勝利的意義」，於是使用中華民國作為簡稱的想法，終究胎死腹中。

據說，毛澤東一直為此感到遺憾。

毛澤東在一九六五年接受法國共產黨機關報《人道報》（*L'Humanité*）的訪問，當記者問道：「你在人生當中，有過什麼失敗嗎？」他的回答是：「我不應該把國家命名為中華人民共和國。」

中華民國被中華人民共和國繼承後滅亡，這是中國共產黨的官方立場。但另一方面，中華民國政府卻實際存在於台灣海峽對岸的台灣，他們主張政權並未被繼承。這表示存在著中國政府到底是中華人民共和國，還是中華民國的爭議。聯合國在中華人民共和國成立後到一九七一年的這二十二年間，都無法得出結論。如果毛澤東選擇中華民國作為國名，就不會產生正統政府的爭議，中國就能更順利地加入聯合國。

李登輝也留下了證實這點的發言。

一九九一年，時任總統的李登輝在國民黨革命實踐研究院表示：「毛澤東最大遺憾是改了國號，如果他們還叫中華民國的話，我們就麻煩了。」換句話說，毛澤東的選擇，可說是導致今日中國與台灣並存的原因之一。

一國兩制是魔杖

毛澤東死後，掌握權力的鄧小平在台灣與香港問題上發揮了極大作用，關於這點應該沒有人質疑。

鄧小平的功績是透過推動「改革開放」政策，帶領中國實現經濟成長，但大家對於「改革開放」的理解，往往只局限於引進市場經濟，但其另一個意義在於，這項政策為東西冷戰下懸而未決的台灣、香港問題，帶來西方社會可接受的務實解方，並將中國已經改變的印象根植於全世界。

中國提出「國家統一」作為其政權的終極目標，而台灣及香港問題屬於領土問題，原則上不可能妥協。無論是英國統治下的香港，還是實質上接受美國庇護的台灣，中國都不會坐視不理，因此戰爭或衝突很有可能在某天突然爆發。

至於台灣，中國的官方立場是共產黨與國民黨之間的內戰仍未結束，因此如果他們想對台北發動空襲，不需要任何預備動作，譬如基於國際法發表宣戰聲明。

只要中國仍懷抱著台灣及香港這兩顆未爆彈，外國就很難安心地回應中國對於改革開放的呼籲。

於是，鄧小平創造出「一國兩制」這根魔杖。

一國兩制，基本上是中國願意透過和平手段解決問題的聲明。中國宣稱英國的制度與中國的主權能夠在香港並行，而台灣甚至允許保留軍隊。

這是中國對於香港主權移交與台灣統一的方式所做出的妥協。中國原本就有「自治區」這樣的統治機構，西藏、新疆與內蒙古等地區就適用這樣的制度，而他們對於台灣及香港問題所提出的一國兩制，就是比自治區更有彈性的形式。

一國兩制的聲明帶來莫大效果。如果中國不承諾願意以和平方式解決台灣問題，中美關係正常化想必就不可能在一九八〇年代正式實現。至於英國之所以願意在一九八四年的香港主權移交談判中鬆口達成協議，「一國兩制五十年不變」的保證也起到極大作用。

對鄧小平而言，香港完全回歸的時間推遲五十年也無所謂，解決台灣問題也不急於一時。比起這兩個問題，獲得全世界的接納更加重要。鄧小平的天才之處就在於，他能夠透過一國兩制，同時解決香港問題並將台灣問題往後推遲，這的確是實實在在的妙方。

現實主義的鄧小平

鄧小平在面對任何問題時，都喜歡採取折衷的方式解決。

這點也展現在他將中國共產黨一黨專政的「腦袋」，保留在社會主義政治體制當中，至於社會主義計畫經濟的「軀幹」則轉換成自由主義經濟。一國兩制基本上也是折衷後的系統。

鄧小平確實推動了改革，但他基本上是改革派與保守派之間的平衡者，他任用改革派的胡耀邦與趙紫陽，一旦執行不順利就將這兩人撤換下來，換上更受保守派歡迎的江澤民。至於政治中樞則同時納入改革派與保守派的人馬，在雙方互相制衡下推動中國發展。他的這種平衡感，剛好最適合解決香港問題。

如果中國想用武力奪回香港應該是辦得到的。香港的地理位置無法有效防堵從大陸湧入的敵軍。即使放棄九龍半島固守香港島，也無法確保足以養活大量士兵的糧食與水源，一旦周圍海域遭到封鎖就大勢已去。英國放棄留在香港的其中一個原因，就在於這種地理上的脆弱性。這就是為什麼當初試圖說服中國接受「只移交香港主權，治理則繼續交給英國」的英國首相柴契爾（Margaret Thatcher），因為鄧小平的一句「解放軍隨時都能出動」，就屈服了。

鄧小平提出了既照顧到英國的面子，香港居民也能夠接受的一國兩制方案。一國兩制的折衷性，正是鄧小平現實主義的體現。雖然主權移交前仍有一定人數的香港人移民，但整體而言算是順利進行，這都要歸功於鄧小平。把徹底解決問題的時間點推遲五十年，正是他的成功之處。

香港是個生於中國，長於英國的都市，就像是一個中國人穿著合適的英國

中國廈門懸掛的「一國兩制統一中國」看板。作者拍攝。

服裝。現在香港發生的事情，卻像是強迫香港人把西服換成中山裝，即使穿上了也不代表心裡願意。鄧小平非常清楚這點。

理想主義的習近平

香港在主權移交之後的統治，與中國之間出現政治與經濟改革上的落差。

香港主權移交時，共產黨統治下的中國正在推動改革開放，因此港人將希望賭在中國的未來。對於雖然來自中國，卻對中國的政治體制抱持反感的香港人而言，這可說是在面對主權移交這個無可避免的現實時，所勉強做出的妥協。

中國正在進行經濟改革，並且獲得顯而易見的成果。香港人進入中國，取得經濟上的利益，而中國人也很看重香港人的資金與技術。因此在這方面，香港人對中國的經濟改革抱持著好感。

然而在政治改革方面，香港人卻對天安門事件以血腥鎮壓告終感到失望。香港的民主派不贊成目前一黨專政的統治體制，要求中國果斷實行政治改革並邁向民主化。因為他們認為，追求中國社會的進步與防止獨裁政權的腐敗，就是「愛國」的表現。

民主派不否定中國、不否定自己是中國人，也不否定香港的主權移交，因此中國方面也容許民主派存在於香港。於是，尋求中國體制改革，卻又不否定中國的灰色地帶，就在香港誕生。

民主派這個灰色地帶讓世界感到放心。因為他們與我們之間有著共同的語言。必須推動民主化、重視法治、制度透明、保障言論自由，民主派的人也同樣具備這樣的價值觀。

如果要問延續到胡錦濤的「鄧小平時代」與後來的「習近平時代」，在香港政策上最大的差異是什麼，那就是從現實主義與「兩制」為優先，大幅度轉變為以理想主義與「一國」為優先。

習近平於二〇一二年就任總書記，他從就任之初就明確展現出「一國優先於兩制」的態度，因為維持國家主權與國家安全需要香港政策。

習近平的思想，充分展現在他於二〇一四年十一月，美國總統歐巴馬（Barack Obama）訪問中國期間所說的話。這是兩位首腦之間的私人對話，隨後卻被中國媒體刻意洩漏出來。當時，中國正在尋求與美國建立「新型大國關係」，或許需要一個兩位元首勢均力敵的敘事，但其內容在另一層意義上卻是相當耐人尋味。

晚宴原本預定在晚上九點結束，但最後卻持續到超過十一點。出來送客的習近平對歐巴馬陳述了這樣的見解：「中國文明從一開始就重視『大一統』。中國人講究修身、齊家、治國、平天下，其中國家是第一位的。」

「大一統」一詞，最早出現於西元前的儒教經典《春秋公羊傳》，後來在秦始皇統一中華時獲得重視，並且被定義為實現國家統一、民族統一、宗教統一的理想狀態。

這或許是習近平對爭奪霸權的對手美國，所釋放的最最真實的意圖。

然而，這種思想的基本設計，卻與中國所標榜的香港問題解決方案不同。因為一直以來，為了讓香港在主權移交之後，依然在中國體制下健全地維持其在英國統治下歌頌自由的活力，治理香港時採用的都是現實主義者鄧小平基於現實主義所規畫的方案。

然而香港的局勢卻與習近平的方針背道而馳，遲遲未能穩定下來。二〇一四年爆發雨傘運動，二〇一九年發生大規模的抗議活動。於是《國安法》就在不顧香港人的反對之下，透過以北京主導的形式引進。

習近平的作法，看起來就像是由於自己一直以來的方針不順利，所以乾脆用武力強行控制。「香港是中國的一部分，所以香港人是中國人。既然是中國人，就是中華人民共和國的一員，必須服從中國共產黨的指導」這樣的想法，變成了前提。

台灣政策分成兩個階段

台灣也發生與香港類似的問題。

自毛澤東之後，中國歷代領導人都將統一台灣視為最重要的課題。從鄧小平時代起，就同時主張一國兩制下的和平統一與不得已時的武力統一，堅決阻止台灣獨立的基本路線從未改變。

不過，主張的強弱、濃淡、著重的部分則隨著領導人的態度，而有微妙差異。習近平長期任職於福建省，對於台灣問題原本就有一定程度的理解，因此自然看似比別人加倍堅持。

習近平的台灣政策，大致能夠以民進黨在二〇一六年的勝選為分界。

他剛就任時，台灣由主張對中和解的國民黨馬英九執政。雖然馬英九總統本身未曾拜訪中國，但在中台交流活躍的氣氛下，國民黨幹部相當頻繁的訪中。

這段時期的習近平，對於統一台灣看似相當樂觀，他的從容也展現在發表的言論上。

舉例來說，二〇一三年十月，他在APEC會議上與台灣前副總統蕭萬長會談時曾提到：「兩岸長期存在的政治分歧問題終歸要逐步解決，總不能將這些問題一代一代傳下去」，並表示中台之間的關係是「兩岸一家親」。

在與蕭萬長會談之後，二〇一四年與國民黨榮譽主席連戰會面時，習近平也使用了「兩岸一家親」這個說法。或許是因為這個說法符合習近平的心態，後來也被使用於各種場合；除了習近平之外，中國方面的人士提到這個說法的頻率也愈來愈高。

習近平在前述與連戰的會談當中也提到「兄弟同心，其利斷金」，這句話來自古代典籍《周易》，而關鍵點則在於「兄弟」。

習近平的特徵在於將台灣定位為「家人」。他所渴望達成的「大一統」，就是中國與其夥伴像個和樂融融的大家庭，而家長當然是中國共產黨。

在中台仍有希望維持穩定關係的時代，這樣的想像當然沒什麼問題，但台灣的情勢也和香港一樣，急遽地朝著意想不到的方向發展。

二〇一四年發生反對《海峽兩岸服務貿易協議》的太陽花學運，協議無法通過，馬英九政權也因此失勢。二〇一六年蔡英文當選總統，於是習近平只得面對由他視為敵對勢力的民進黨所執政的台灣。

二〇一六年是分水嶺

過去習近平的台灣政策，基本上仍在某種程度上沿襲從鄧小平到胡錦濤強調「和平統一」的路線。而從這樣的路線轉換到不排除行使武力的「習近平風格」，分水嶺就在二〇一六年。

二〇一六年五月二十日，蔡英文總統舉行就職典禮，她的演說受到全世界矚目。

演說內容相當克制，甚至有人認為太過於顧慮中國。對此，中國方面最初由中國社會科學院台灣研究所所長，同時也在胡錦濤底下負責台灣政策的周志懷，發表了帶有樂觀調性的肯定評論。

然而到了當天晚上，國務院台灣事務辦公室卻對演說內容做出否定的回應，宣稱「這是一份沒有完成的答卷」，於是風向大幅轉變，其他台灣研究者陸續發表嚴厲的談話。

我認為，這代表台灣政策終究會從鄧小平風格轉換成習近平風格。兩者最大的不同就在於對「一中原則」的堅持。自此之後，周志懷等過去協助胡錦濤體制的台灣政策智庫退場，由主張強硬言論的智庫取代。

過去的台灣政策考慮到台灣方面的狀況，在某種程度上刻意營造出讓台灣更願意與中國談判的環境。但如果中方的態度是，只要民進黨不承認「一個中國」，就完全停止政府之間的交流，那麼幾乎相當於表明了完全不與民進黨對話的立場。

「家族」的元素，逐漸從習近平對台灣問題發表的意見中淡出，對於「阻止台灣獨立」的論點則愈來愈強調，軍事演習與軍機接近等行動則逐漸變得醒目。

適得其反的「習五點」

習近平國家主席在二〇一九年一月，在《告台灣同胞書》發表四十周年紀念會上的台灣政策重要談話「習五點」，為中國的企圖帶來了反效果。

歷代中國領導人都以「～點」的形式發表台灣政策，譬如一九九五年江澤民的「江八點」，或是二〇〇八年胡錦濤的「胡六點」。台灣的局勢並未穩定或許也是原因之一，習近平長久以來都對提出明確的台灣政策方針有所猶豫，但眼看時機已經成熟，於是他發表了第一場重要談話。這或許是因為民進黨在二〇一八年十一月的九合一大選中重挫，中國支持的國民黨可望奪回政權，因此趁勝追擊，呼籲台灣「回歸中國的懷抱」。

這場談話的重點有兩項。第一點明確指出「台灣的統一是中華民族的偉大復興，這就是中國夢」，這是習近平的重要目標。他的邏輯是以「中華民族的偉大復興」與「中國夢」，將台灣統一的想法夾在中間。這樣的邏輯，充分展現習近平面對台灣問題的態度。如果「台灣統一」失去可能性，他恐怕就被視為無法實現偉大復興與中國夢的人。但他卻刻意將偉大復興與中國夢連結到台灣統一，因此可看出他不惜一切也要親手解決台灣問題的想法。

另一個重點是「摸索一國兩制的台灣方案」。習近平或許想要表達，雖然中國一直以來都主張一國兩制下的統一，但他願意顧及台灣的狀況，考慮一個有彈性的內容。然而台灣方面卻幾乎沒有注意到這點。

因為一國兩制在台灣原本就不受歡迎，這點無論是國民黨的支持者還是民進黨的支持者都一樣。因中國大肆宣揚一國兩制而掉票的不是民進黨，而是國民黨。胡錦濤時代以強化國民黨地位為優先，因此為了不刺激台灣方面的情緒，很少提及一國兩制。

但凡事都我行我素的習近平，只顧提出自己的主張，至於願不願意聽，那是對方的事，如果願意聽就視為座上賓，不願意聽就視為有敵意，這樣的行事風格可說相當明顯。

「習五點」給人的印象，也貫徹習近平這樣的行事風格。而他也不忘提出警告：「台獨是歷史逆流，是絕路。」

然而，蔡英文總統正面表達了她「絕對不接受一國兩制」的反對意見。蔡英文總統自二〇一六年上任以來，在提及中國關係時總是謹言慎行，這對她而言是豁出去的反常回應。結果她孤注一擲的反擊，讓台灣民意大為沸騰，抓住了支持率上升的契機。

習近平等領導層的這種行為可說是賜箭予敵，但他們卻看不出反省，持續表現出「反彈是錯誤的，我們只是做正確事情」的態度。

據說習近平的外交政策展現出明確區分敵我的風格，對於正面碰撞的對手予以反擊，至於蹭過來的對象則給予超乎想像的好處。因此，很難不聯想到朝貢體制。

經常使用「完全統一」的習近平

習近平遭到來自台灣的強烈反彈後，在提及台灣問題時出現了一個變化，那就是開始經常使用「完全統一」四個字。

「完全統一」，是在「習五點」中所看不到的說法。

對中國而言，「完全統一」是用來描述將中華人民共和國建國時，尚未納入統治的新疆、西藏、海南島、台灣等地全部「解放」時所使用的說詞。自此之後，中國的官方文章等也經常交替使用「完全統一」與「和平統一」，但「和平統一」給台灣的印象較溫和，在胡錦濤時代之前，也不太使用「完全統一」。

習近平開始頻繁使用「完全統一」，是二〇二一年後的事。他在七月中國共產黨成立一百周年之際表示「解決台灣問題、實現祖國完全統一，是中國共產黨矢志不渝的歷史任務。」除此之外，他在二〇二一年十月的辛亥革命一百一十周年紀念大會，以及十二月三十一日的新年賀詞中，也提及「完全統一」。

隨著「完全統一」開始大量使用，習近平的用詞也逐漸散發出「恐怖」的氛圍。

他在二〇二一年七月時說：「任何人都不要低估中國人民捍衛國家主權和領土完整的堅強決心。」十月時則表示：「數典忘祖、背叛祖國、分裂國家的人，從來沒有好下場。」十一月時與美國總統拜登（Joe Biden）的第一場線上會談中，則斷言「要是台獨勢力跨越紅線，我方將會採取斷然的措施」等，言詞逐漸變得強硬。

習近平也為台灣推出多達五十項的「惠台政策」，提供在中國活動的台灣年輕人或商業人士與本國公民同等，甚至更加優惠的待遇。這可視為習近平對那些在「一個中國」與「國家統一」的原則上立場一致的對象，大方給予優待的風格。

然而，習近平這樣的風格，現在已經從根本上動搖。即使蒙受一些經濟利益的損失，也希望與中國保持距離的想法，已成為台灣方面的主流。

最主要的原因在於，台灣對香港局勢的惡化感到失望。

香港與台灣是如何連動，又為什麼會增強對中國的厭惡感呢？下一章將介紹理解這個心理的關鍵詞：「本土」，同時試著探討「台灣及香港眼中的中國」。

第4章

台灣及香港眼中的中國與本土思想

本土思想崛起

上一章討論了「中國眼中的台灣及香港」，因此本章將反過來從「台灣及香港眼中的中國」觀點下筆。

如果有人問我，近年來驅使台灣人和香港人採取行動的關鍵字是什麼，我會毫不猶豫地回答：「本土化。」本土，是一個很難對日本人說明的字眼。首先，中文的本土與日文的本土之間，就有著微妙的差異。

日文的本土，是本國的意思。譬如沖繩在一九七二年回歸本土，就是本土在日文中的使用脈絡。

然而到了中文，本土的意義就變成在地，帶有「我們的土地」或「我們的家園」的意味，從這個字眼的根源所散發出來的意涵是「自己歸屬的土地」。由於同樣屬於漢字圈，說明起來反而變得複雜，但如果翻譯成英文的「homeland」，就會更好理解。

為什麼本土在台灣與香港會成為關鍵詞呢？接下來，將介紹一部電影作為具體例子。

二〇一四年，有一部名為《看見台灣》的電影上映了。這是一部總長九十三分鐘的紀錄片，由直升機從高空拍攝的台灣各地影像剪輯而成。雖然有一些零星的旁白，但多數的部分都只有影片，內容相當枯燥，如果在日本，或許連在衛星頻道的深夜時段播放都有困難。

然而，這部電影在台灣卻熱門到令人難以置信。

我也去了電影院觀賞，不僅座位全滿，還有很多觀眾流下眼淚。電影一方面拍出了台灣豐富的自然環境，但另一方面也呈現出環境破壞的殘酷性。而無論哪個方面，觀眾的視線都緊盯螢幕，沉浸在作品的世界裡。

我雖然覺得這部作品遠比想像中還要精采，卻無法投入那麼多情緒。導演齊柏林曾在電影即將於日本上映時來日本宣傳，而我剛好有機會訪問他。我提出的問題是：「為什麼台灣人如此瘋狂地看待這部電影呢？」長年從事空拍工作，後來才轉而執導紀錄片的齊導演，毫不猶豫地回答：

可能是因為這部作品很本土。我想讓台灣人看見我所生長的，每天在工作中所看到的，並為之感動的台灣這塊土地，原原本本的樣貌。

齊導演是從大陸渡海來台的外省人第二代，他的這番話，讓我體會出「本土」這二字的真正意義。

台灣人將台灣視為自己的土地，為台灣的大自然之美而感動，也為環境破壞的粗暴感到憤怒。他們深愛著台灣，將台灣這塊土地視為自己歸屬的家園（homeland），所以才會產生這樣的情緒。

齊導演後來在拍攝電影的續集時，死於直升機墜毀的意外。這段話也成為他留給我的遺言，深深地刻畫在我的腦海裡。

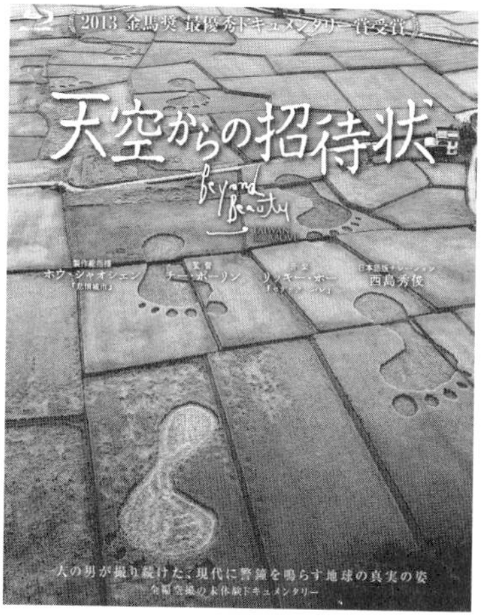

電影《看見台灣》日文版海報。

中國的台灣人，台灣的台灣人

台灣至今仍使用中華民國做為國名。中華民國是辛亥革命後誕生的新國家的名字，簡稱中國。

這個名字相當出色，不是嗎？兼具了中華與中國，而中華人民共和國也是如此。由此也可看出，近代中國的發展奠基於中華與中國這兩大概念。民族是中華民族，國家是中國。

這不只在大陸，在戰後的台灣也是常識，同時也是國民黨政權下官方民族主義的要求。我想直到一九九〇年代左右，台灣人幾乎都能自然而然地脫口而出「我們中國人」。當然也存在著「台灣人」這個詞彙，但意思是「中國的台灣人」，與「日本的東京人」幾乎沒什麼兩樣，不帶有特殊政治意涵。曾經我記得在日本提及與台灣的外交關係時，「日華關係」和「日台關係」混合使用。不過在日常對話中雖然使用日台，但涉及政府層級、需要穿上西裝的場合就使用日華，區分起來大概是這種感覺。

不過，如果現在去到台灣，對台灣人說「你們中國人」，絕對會遭受對方一個驚訝後翻白眼的表情，彷彿在說「這個人在說什麼鬼話」。因為大約在這三十年間，台灣的主流身分認同已經從「中國的台灣人」，變成了「台灣的台灣人」。

現在在日本幾乎沒有人會把日本和台灣的關係，說成或寫成「日華關係」了。因為不管就政治面還是實務面，這個字眼都已經失去意義，這是台灣推動的「本土化」所帶來的影響。

本土化在本質上也蘊含著「脫中」的意義，因此也成為帶來與中國之間的政治摩擦的根本原因。對中國而言，「脫中」幾乎等同於「台獨」。

然而對台灣人來說，脫中與台獨在根本上是兩回事。脫中是心的問題，台獨則是政治行動。但台灣人感覺到，中國人不太願意去理解這當中的細微差異。

李登輝的「寧靜革命」

在此，我想要稍微介紹一下與本土化有關的前台灣總統李登輝。

二〇二〇年李登輝的去世不僅震撼台灣，也對日本帶來巨大衝擊。在訃報中稱李登輝為「民主先生」（Mr. Democracy）的記述，散見於各媒體的報導。這原本是一九九〇年代中旬，美國《新聞周刊》（*Newsweek*）對他的評價，後來反過來被引述回台灣。雖然李登輝確實推動台灣的民主化，但我覺得這個字眼反而局限了他的貢獻，因此不太喜歡。

李登輝是首位就任總統的本省人（原本就住在台灣的漢人），他在一九八八年到二〇〇〇年的任期當中推動了兩輪改革，分別是「民主化」與「本土化」。

雖然李登輝推動的本土化也可以從歷史教育等方面說明，但最重要的還是一九九六年首度實施的總統直選。這次選舉所帶來的效果是將統治範圍實質上限定在台灣，階段性地抹去了台灣的「中國性」，使「台灣化」的現象在社會上蔓延。台灣認同透過每四年舉行一次的總統選舉而更加普及，東京外語大學的小笠原欣幸教授在其著作《台灣總統選舉》中也證實這點。

從大陸遷移到台灣的國民黨將台灣視為反攻基地，並推動從「日本人」變成「中國人」的民族轉換。他們在台灣實行中國人教育，壓抑了將台灣視為本土（故鄉）的台灣人的情感。李登輝在社會推動改革，讓台灣人選擇自己的領袖，藉此強行掀開這個蓋子，使社會氛圍朝向本土化改變。

李登輝的聰明之處在於，他花了數十年的時間進行這樣的改革。其進展過於寧靜，從外部難以發現，就連對岸的中國也無法對李登輝的企圖做出適當反應，因此「脫中」的進展幾乎已經沒有回頭路。

如果是短期且戲劇性的變化，中國想必不會坐視不管。但緩緩改變和平舉辦選舉的人民意識，就很難明確找出介入的理由。我認為，這就是被稱為「寧靜革命」的李登輝改革所隱含的真義。

中國將李登輝視為台灣獨立的謀略者，並稱呼他為「千古罪人」。但顯然從江澤民、胡錦濤乃至習近平這些中國歷代領導人，都比不上這位接受日本教育，自稱「在二十二歲以前是日本人」的農業經濟專家來得深謀遠慮。

附帶一提，台灣在日本時代經歷了「日本化」，在戰後國民黨統治下經歷了「中國化」，接著在李登輝之後則經歷了「台灣化」（本土化）。台灣社會的自我認同，這一百多年來在日中台之間徘徊，這樣的經歷正是展現了東亞近代動盪歷史的寶貴活資料。也讓我深刻感受到台灣人強韌心志的背後，有著不害怕適應這些變化的心態。

數據所展現的台灣本土化

關於台灣的本土化，台灣的國立政治大學選舉研究中心所進行的民意調查，是最客觀且能了解身分認同逐年變化的資料。

一九九二年開始調查時，有二五・五％的人回答自己是「中國人」。至於回答自己「既是中國人，也是台灣人」的族群最多，達到四六・四％。回答「台灣人」的則有一七・六％。即使在李登輝當上總統並開始民主化的一九九〇年代初期，也有合計超過七成的人認為自己也是廣義上的「中國人」。

台灣人的身分認同調查結果（1992～2021年）

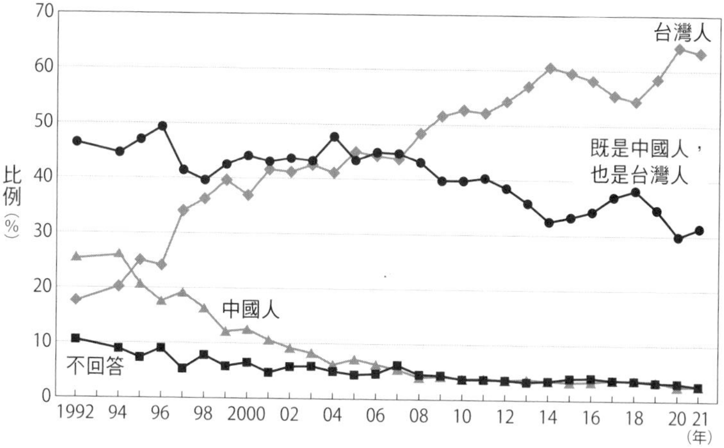

根據國立政治大學選舉研究中心的調查製作

而後過了大約三十年，純「中國人」族群剩下二・八%，已經遠低於能夠影響民眾決策的水準，成為即將消失的存在。這個族群主要讓人聯想到外省第一代，年齡層也非常高。

至於「既是中國人，也是台灣人」的族群則持續微幅減少，到了二〇二一年變成三一・七%。他們主要是外省第二代及國民黨的支持者。

選擇「台灣人」的比例為六二・三%。自一九九二年之後，其比例基本上隨時間持續上升。雖然這份統計沒有附上具體的年齡分布，但可以推測調查對象中加入愈多的年輕世代，「台灣人」的比例就愈高；反之年齡層愈高，「中國人」與「既是中國人，也是台灣人」的族群則會增加。

就如同Delta病毒在新冠疫情流行的過程中被Omicron病毒取代，中國認同也逐漸被台灣認同取代了。這種台灣認同的普及，已經被視為無可逆轉的現象。對中國而言，這是最棘手的麻煩事。如果台灣增加軍備，他們還可以用增加更多軍備來回應，但人們心中的認知，卻很難透過武力改變。

台灣人擺脫了「中國才是祖國」的中國式束縛，「台灣才是祖國」的「台灣身分認同」則逐漸成為社會的主流。這樣的過程正在發生，但這股趨勢的走向，也有著難以理解的部分。

我想，台灣人作為一個群體也存在著迷惘。而政治上的投票行為，也不總是直接連結到身分認同。

舉例來說，二〇〇〇年誕生的民進黨陳水扁政權，顯然是靠著台灣認同上位。然而當美國與中國都將其貼上台獨標籤後，這個政權就開始被台灣人拋棄。

國民黨的馬英九政權於是誕生。主張改善對中關係的國民黨獲得壓倒性的勝利，這似乎與台灣認同的邏輯不符。

但台灣人民認為，只要能夠維護台灣的利益，如何處理對中關係都離不開「政策彈性」的範圍。日本經常誤以為國民黨＝外省人＝親中派，民進黨＝本省人＝台獨派，但台灣的選民並不像這樣能夠用簡單的二分法區分。本省人約占台灣人口比例的七成，如果全部都投票給民進黨，那就用不著選舉了。但本省人中也有國民黨的支持者，其中也有很多人具備台灣認同。

因此，現在的蔡英文政權直到二〇一八年之前，也因為年金改革與勞基法修法等飽受批評的執政而支持率低迷，在同年十一月的九合一選舉中吞下大敗。蔡英文逼不得已辭去黨主席，甚至連是否能繼續競選連任都岌岌可危。

台灣優先、台灣第一，這是台灣認同所帶來的最簡單易懂的原理原則，這個原則無可動搖。當馬英九宣稱改善對中關係符合台灣利益時，選民同意他的立場，所以才能夠勝選；而二〇一四年的太陽花學運之所以能夠獲得民眾支持，也是因為民眾判斷過度傾向中國會損害台灣利益。

機艙內充滿「天然獨」的年輕人

二〇二〇年一月十日，我置身於飛往台灣的中華航空機艙內。這是傍晚的班機，預計在晚上抵達台北松山機場。飛往台灣的航班通常有許多日本觀光客，他們手握旅遊指南努力「預習」台灣觀光景點，十分引人注目。

然而，這班飛機上卻有許多看似大學生的台灣年輕人，讓我覺得非常奇怪。我心想，他們該不會是為了選舉吧？於是開口詢問了鄰座的男性，他是在東京讀大學的台灣留學生，機票是用打工的薪水買的，而回國的目的就是為了投票。

「如果蔡英文落選，台灣的未來就會改變。」

當時香港局勢急速惡化，台灣的危機感也隨之提高。而蔡英文總統的競爭對手是國民黨的前高雄市長韓國瑜，他挾著親中的主張登場，在二〇一八年的九合一大選中掀起一股旋風。

據說機上還有一位家住台灣唯一不靠海的縣市南投縣的年輕人，連夜要

為選舉狂熱的天然獨年輕人。作者拍攝。

從台北搭乘夜間巴士回到南投縣老家。

台灣沒有不在籍投票制度，必須回到戶籍所在地才能投票。即使一般選舉，也會發生從台北往高雄，或是從高雄往台北的選民大移動。台灣人民知道，這是維持民主主義所必需的成本。而這次選舉，選民大移動也擴及生活在國際社會的台灣年輕人。

這些年輕人被稱為「天然獨」，意思是與生俱來的獨派。在投票日前夕飛往台灣的機艙內，就充滿了「天然獨」的年輕人。

蔡英文總統的「中華民國台灣」

台灣的「獨立」問題，有著相當複雜的部分。

如同前述，台灣總統不會在國會發表演說之類的談話。因此每年十月十日的國慶日，也就是因為重複兩個十，所以在又稱為「雙十節」的建國紀念日的紀念大會上所發表的國慶演說，一字一句都受到矚目。

總統在國慶演說中，使用「中華民國」與「台灣」這兩個詞語的頻率不僅受到關注，也會有統計資料。我曾問過前總統陳水扁的擬稿文膽，他表示在研擬講稿時不會考慮到這點，但會在完稿之後計算次數，並與往年的平均數進行比較，因此次數本身具有政治意義。

二〇二一年蔡英文總統的國慶演說中，使用了九次「中華民國」，與五十一次「台灣」。雖然無論是「中華民國」還是「台灣」，使用的次數都比過去的演說要多，但沒有哪一方的增加幅度特別明顯，這點可以解讀為蔡英文總統的演說，在政治上將中華民國與台灣視為一個整體。考慮到最近緊張的中台關係，帶有政治意味的訊息自然是增加了。

特別值得注意的是，蔡英文總統在國慶演說中，三度使用了「中華民國台灣」。

這所代表的意義是：「中華民國」就等同於「台灣」。既然承認中華民國的統治範圍僅限於台灣，那就相當於承認中華民國已經不再是「中國」。這就是專門研究台灣政治的早稻田大學名譽教授若林正丈長久以來所論述的「中華民國台灣化」。

台灣所謂的獨派，原本的意義等同於否定中華民國。獨派的論據是中華民國沒有統治台灣的合法性，他們認為日本在《對日和平條約》（*Treaty of Peace with Japan*）中宣布放棄台灣，中華民國只是暫時接管，而國際條約中並未明定台灣歸屬於中華民國。這是基於「國際法理論」推動台灣獨立的依據，也被稱為「法理台獨」。

「法理台獨」從根本上否定中華民國對台灣的統治。日本及美國的傳統台灣獨派長久以來所主要提倡的，也是這個主張。他們基本上對中華民國懷有強烈敵意，日本的台裔華僑之所以會被分成「中華民國派」與「台灣獨派」，也是基於這樣的歷史背景。活躍於日本的評論家金美齡、作家黃文雄，以及撰寫《台灣人四百年史》的史明等旅日獨派，基本上也屬於這個群體。

至於一九九〇年代推動民主化的李登輝，儘管強化台灣認同，但他所處的立場依然是中華民國總統。李登輝為了解決這樣的矛盾，從一九九〇年代中旬開始使用「中華民國在台灣」的說法。

蔣介石及蔣經國時代的觀念是，中華民國是統治整個中國大陸的政權，現在只是暫居台灣，因此中華民國底下的台灣，終究只是中國的一部分，是一個省分（台灣省）。

李登輝將這種幻想一半拉回現實，承認中華民國現在（只）存在於台灣。中國對李登輝懷著戒心，認為他是「隱性台獨」。他並未否定中華民國，因此不能稱為台獨。但他內心希望將台灣本土化，與中國拉開距離，因此才會被形容為「隱性」。

李登輝之後接任台灣總統的是陳水扁。民進黨是將「獨立」二字寫進黨綱的政黨，就中國來看是如假包換的獨派。但陳水扁也是中華民國總統，於是民進黨也標榜現實路線，將台獨主張凍結。然而陳水扁在執政受挫後開始往獨立路線傾斜，對美國也心懷不滿，導致台灣陷入孤立並自取滅亡。

接下來登場的馬英九，標榜與中國改善關係，否定陳水扁路線，是一位以身為中華民國總統為榮的領導人。

馬英九與陳水扁的最大差別在於承認「一個中國」。中國認為藉由這點可以將台灣獨立封印起來。雖然中華民國與中華人民共和國之間的關係沒有改變，然而對中國而言，台灣不再追求獨立，因此可以感到放心。而馬英九也並未否定將來統一的可能性，因此中國給予馬英九政權正式的支援，不過馬英九也絕非在所有面向都服從中國，尤其對於中華民國的主權展現出毫不妥協的態度。

因此，部分中國學者批評馬英九是「華獨主義者」。這裡的「華獨」，指的是台灣在維持中華民國的情況下追求獨立。

變更中華民國的國名，是被中國視為「獨立」的舉動，這意味著將成為中國攻擊台灣的理由，因此標榜維護中華民國就成為一張安全牌。關於這點，據說是馬英九總統親信、時任國民黨祕書長的金溥聰曾表示「中華民國是台灣的護身符」。換句話說，雖然實質上以台灣的身分存續下去，但中華民國的國名與體制將成為台灣維持現狀的證明。

實際上雖然政黨不同，但蔡英文總統也繼承了這個部分。她並未捨棄中華民國，但現在的中華民國是在台灣生根的中華民國。

蔡英文總統在國慶演說中使用了「中華民國台灣」這個說法，相較於李登輝時期的「中華民國在台灣」，她把「在」字拿掉了。為什麼「在」會不見呢？因為「在」，暗示著並未放棄暫居的狀況。另一方面，「中華民國台灣」則是將中華民國與台灣完全融合，相當於中華民國被台灣吸收，這就是「中華民國台灣」所隱含的意義。

這意味著為了在不讓中國認定為台灣獨立的情況下，長期維持實質的獨立狀態，台灣經常在中國與台灣之間，以及台灣內部的政治現況進行極度細微的調整。台灣觀察之所以困難，就在於如果不就歷史與政治兩方面正確理解這些術語，就無法輕易地解讀局勢。

與生俱來的獨派也出現了

無論前述的天然獨，也就是天生獨立派的世代對這種理論建構的理解達到什麼程度，「中華民國台灣」都是讓他們最有感的說法。他們出生於一九九〇年代之後，當時台灣正逐漸從「中國國家」轉變為「台灣國家」，並且因為李登輝推動民主化，投票選出自己的總統已經變成理所當然的一件事。

他們原本就已經和中國完全分離，中國是外國，是一個相當於他者的存在。當然，中國與台灣的關係是台灣政治中最重要的主題，他們不可能不知道中國。但他們與中國的互動方式，基本上就是將中國視為外部。

相較於法理台獨的人在思維上將原本被定義成「中國」的母國重新定義為台灣，他們極為自然地認為台灣就是台灣。所以他們能夠毫不抗拒地說出「我是台灣人」，也不會刻意去論述台灣與中國是分開的。更進一步來說，他們對於台灣的國名叫作「中華民國」這點，也不像法理台獨的人那麼排斥，因為中華民國與台灣完全相等。

中央研究院副研究員吳叡人，同時也是被稱為台灣天然獨世代理論指導者的著作家，如此描述這種微妙心態：

我們這一代需要先打破自己心中建立的「中國」這個價值觀。用日本的方式來說，就是需要轉向。但天然獨世代不需要這種轉向。

吳叡人本身的世代所接受的是國民黨的中國人教育，後來在民主化過程中，才醒悟到自己是台灣人。陳水扁總統與蔡英文總統也屬於這樣的世代。但從童年時期就接受的教育影響極大，他們再怎麼樣都很難不在心中的某一部分將中國視為特別的存在。

然而，天然獨的人認為中國不過就是個普通的外國，與自己非親非故，雖然使用同樣的語言，有著同樣的長相，但如果說是兄弟或父子，也只會覺得莫名其妙。他們也不會像吳叡人世代以上的人那樣試圖用道理反駁，只會給出「台灣人是中國人？你到底是在說什麼？」的反應。

因此就我的印象來看，台灣所謂的「本土」不再是基於理論，而是有更多感性表述的部分，最近尤其如此。

理論先行型的香港本土派

相較之下，香港本土派則有相當重視理論的傾向。這種傾向接近台灣的法理台獨，其背後的因素來自大陸與香港的「接近性」。

就地理上來看，香港和中國大陸之間毫無阻隔。雖然有深圳河，但只不過是一條小河流。香港島和九龍之間的距離也很近。即使從人口結構來看，原本就居住在香港的居民占港人的比例也非常低，多數都是在戰前戰後的混亂期從大陸逃過來的人。換句話說，香港人的根源在中國。至於語言方面，香港使用的語言是原本在廣東省一帶使用的廣東話，或者也稱為廣州話。

在這樣的情況下，若要將香港稱為「本土」，就需要一個堅實的鎧甲。當我聽到「HongKonger」的時候，深切感受到這點。「HongKonger」，是近年在香港經常用來表示「香港人」的詞彙。在過去，香港人通常稱自己為「HongKong People」或「HongKong citizens」。相比之下，「HongKonger」一詞則給讓人感受到突顯香港人獨特性的意圖。

至於語言方面，廣東話也開始被改稱為「香港話」。其主張在於，香港使用的廣東話，發音、語調、尤其是詞彙都具有獨特性，因此不能以廣東話稱之。香港在發展本土思想時，只要是能夠展現香港獨特性的要素，哪怕是多麼微小都會被找出來。

而強調香港的獨特性時，經常會留意到的是西方元素與東方中華元素的融合。

舉例來說，香港人喜歡在早餐吃通心粉或吐司。這些原本是西式食物，但吐司是塗上煉乳並烤過的「港式多士」（香港式吐司），而飄在中式高湯裡的通心粉也屬於香港風格。這些料理展現出香港自在融合東西風格的樣貌。

東西融合的象徵是李小龍，他作為香港本土文化的符號而被崇拜著。

在我們的印象裡，李小龍大喊著克服「東亞病夫」，並背負著中國人的民族主義，在電影中擊敗歐美人與日本人。

然而對香港人來說，李小龍在美國出生、在香港長大，祖先則來自中國。他的拳法自在地融合歐美的格鬥技，也不排斥將拳法傳授給歐美人。這種行為在當時愛國情操強烈的武術界被視為是賣國賊，並遭到厭惡，但李小龍不以為意，持續致力於以拳法家兼電影明星的身分普及拳法，建立武術傳統。香港人擅長將中國的形式套用到西方，並逐漸轉變為世界標準，而李小龍的形象正符合香港人這樣的文化開放性。

追悼天安門事件的意義

香港的主權從英國移交給中國，是一九九七年的事。當時所謂的香港獨立論幾乎不存在，也尚未誕生所謂本土思想的觀念。在香港，基本上即使是民主運動的核心人物，也未曾懷疑過自己的中國人身分，一直將中國與香港視為命運共同體。

香港民主派也在這種思想的延長線上，建構屬於自己的運動理論。其中代表性的例子，是對天安門事件的抗議運動。每年六月四日，維多利亞公園都會閃爍著追悼的燭光（但主辦團體已經在二〇二一年因《國安法》而解散，追悼大會今後將不太可能像過去那樣舉辦）。

香港除了追悼天安門事件中的死者，也要求為這場被定義為暴動的運動，以及成為犯罪者的相關人士平反（恢復名譽）。香港媒體也經常報導傳遞鎮壓真相的獨家。為什麼香港對遠在北京發生的天安門事件有如此之深的責任感呢？因為簡單來說，香港人是中國人，中國發生的問題對他們來說絕非事不關己。

香港的行動，也基於中國民主化的進展與香港民主化密不可分的認知。反過來說，中國的獨裁體制終有一天不得不走向民主化，這麼一來，香港的民主化勢必將會啟動。現在想想也會覺得這種態度過於樂觀，但在當時的世界觀中卻具有現實感。

然而當主權移交後，香港的普選實施完全沒有進展。而共產黨在中國的獨裁體制也逐漸強化，面對這個現實的香港人民，逐漸失去對中國民主化和共產黨改革的期望，最後開始逐漸形成香港是香港，不是中國，與其關心中國，不如優先考慮香港將來的「本土思想」。

本土思想萌芽

香港開始正式浮現類似本土思想概念的時間點，大約是二〇一〇年。在這之前，香港經常發生來自大陸的物資囤積、中國孕婦占據醫院的問題，以及因中國觀光客的失禮行為而與市民產生糾紛的狀況。反中情緒，想必是因為這些事件而萌芽吧？但是否能夠斷定香港僅僅因為這些事件就培養出本土思想，就必須謹慎以對了。重要的是，強調愛護香港這塊土地的運動正在擴大。

香港在過去被稱為文化沙漠，這個說法也包含了市民對歷史的麻木無感。

然而自二〇〇七年前後起，香港開始出現反對因再開發而拆除天星碼頭、傳統市集、皇后碼頭等歷史建築的運動。

過去的香港，毫不在意因建設商業大樓與高樓大廈而破壞老城區。儘管香港的歷史建築大部分只有一百到兩百年的歷史，但市民們仍強烈要求將其保存下來。

「香港是我們的土地，我們的故鄉」，人們開始意識到這點。他們試圖保存的既非中國的事物，也非英國的事物。自從香港因鴉片戰爭而割讓給英國後，聚集在香港的人們在日常營生中所積累的事物，開始被他們認定為是自己必須保護的對象。

我有一種預感，台灣與香港的命運，從這個時間點將逐漸開始交錯。因為台灣的人們，也對保存台灣所擁有的歷史燃起熱情。

對台灣人而言，歷史層層疊疊地呈現於眼前。荷蘭、西班牙、鄭成功、清朝、日本所留下的痕跡散落各地。國民黨獨裁時期，人們被迫戴上看待歷史的濾鏡。後殖民主義式的事物與中國史觀疊合的思維，使得西歐列強與日本的遺留物遭到否定，鄭成功和清朝所留下的事物則獲得肯定。因為這麼做對於國民黨所引進的中華民國史觀較有利。

然而，因民主化而獲得解放的台灣人，逐漸停止像這樣選擇性地看待歷史，無論是鄭成功時代的事物、清朝的事物、列強的事物、還是日本的事物，都視為台灣史的一部分而保存下來，換言之，他們希望這些事物都成為自身社會的部分軀體。舉例來說，在台灣各地展開的神社保存和復原運動就是如此。神社在國民黨執政時期，被視為日本統治的象徵，因此多半都遭破壞，但人們正逐漸修復這些遺跡、整修步道、重建鳥居等。

這樣的行動就中國的角度來看是必須唾棄的情懷，是應該否定的事物。過去的國民黨也是如此。然而，這樣的批評並無法打動台灣人，因為他們已經以價值中立的方式去看待過去的歷史，並接受了歷史的殘留物，至於其功過則另當別論。神社不是日本宗教強制或軍國主義的象徵，而是有著祖父母在夏日祭典上邂逅記憶的場所。

中國的國家整合式民族主義對於這種邏輯無法產生說服力，就連對話都有困難。

香港也一樣，人們想要保存天星碼頭並不是為了肯定英國時期。支持保存運動的核心動機，來自祖父母、父母和自己曾在香港島高樓大廈和九龍側霓虹燈的交互對照中，感受到「這就是香港」。然而，這樣的保存運動看在中國人民眼中或許也難以理解，畢竟中國到處都能挖掘出數千年等級的遺跡或遺構。

香港與中國之間的裂痕也因此擴大。我們或許應該如此理解，「本土愛」因香港對周遭歷史的情感而成長，最後被挹注了反中情緒的燃料，點燃了本土思想的熊熊烈火。

永續的一國兩制

在這種情況下，有一個主張流傳甚廣，那就是香港是在東方與西方之間誕生的特殊「城邦」。這個觀點由陳雲提出，他是本土思想的意識形態領袖，主張香港是像希臘城邦一樣擁有自治功能的都市國家，雖然不是主權國家，但香港將會在中國實現民主化的過程中成為其中心。

但他所謂的香港自治，不是像現在一樣，最終決定權由北京控制的「高度自治」，而是所有一切都能透過香港人民的民主程序來決定的，藉由「中港隔離」所實現的「完全自治」。

任何香港人都知道，在香港主張意味著脫離中國主權的「獨立」，等同於跨越了中國的底線。因此，香港知識分子在傳統上不會涉足這個領域。

不切斷與中國政治體制的連結，但必須強化香港的主導權，同時也展現出放眼將來中國體制轉型（民主化）的願景，這在某種意義上可說是一條勉強實際的路線。

因為將中國的民主化與香港的民主化放在一起思考的概念，是自天安門事件以來，持續追求中國民主化的傳統民主派最根本的主張。對於在將來把香港與中國擺在目前的一國兩制所設定的關係中態度消極這點，也勉強將民主派與陳雲的主張扯上關連，但陳雲主張的問題點在於，他連目前「高度自治」的現狀都否定。

香港對於完全不擴大民主參與的北京，不滿的情緒逐漸高漲，考慮到這點，否定現狀就是合理且當然的方向。於是陳雲的人氣爆發，成為本土思想的意識形態領袖。

其主張與國民黨在台灣的主張有相似之處。他們認為，如果中國實現「民主化」，並不反對在將來與台灣統一。至於統一的方式則有各式各樣的討論，或許是在中華人民共和國底下，也可能是平等公平的聯邦制。但是，他們認為台灣不應該宣布獨立，首先必須承認台灣對中國的特殊地位，這與中國的要求是一致的，兩者的共通性稱不上低。

然而，不同於中國主權實際上並未及於台灣，香港則處於中國的主權之下，因此相較於台灣，中國不打算允許香港存在著這樣的本土思想，並一口咬定城邦論是獨立論的變形，以「香港在沒有中國的情況下無法生存」為由，予以否定。

雨傘運動之後，也出現了其他思想，譬如「香港人在二〇四七年有決定未來的權利」等，在不否定中國主權的情況下，保持香港的獨特性直到最後一刻。

黃之鋒、周庭等在本土派中相對屬於穩健派的年輕人，所抱持的就是這種主張。他們不涉入香港獨立論，而是盡可能推動香港民主化，並認為在未來迎向主權移交五十周年的二〇四七年，香港人應該擁有自己決定未來的「自決權」。

另一方面，年輕的研究者方志恒等人則提出「永續自治」的概念，主張香港應該考慮如何在的二〇四七年之後，獲得能夠無限期維持「一國兩制」下的「高度自治」的權利。

這些都是為了在迴避「獨立」立場的同時，阻止中國化並且往民主化邁進所想出的策略，但中國卻打出一張王牌，將他們的所有努力一筆勾消。

那就是在二〇二〇年六月底所引進的《國安法》。

提倡本土被視為港獨

香港在《國安法》的實施之下已經變得面目全非，如今甚至連談論「本土」

這個詞彙都有困難。因為本土事物被視為「港獨」勢力，被當成「有危害國家安全的疑慮」而排除。

二〇一五年上映的電影《十年》，是一部反烏托邦的選集電影，因描寫香港黑暗的未來而蔚為話題。其中有一個場景是，類似紅衛兵的少年軍以「不能使用『本地』這個詞」為由，指控販賣香港產雞蛋的商店老闆，因為他的商品名稱寫著「本地蛋」。這個場景預言了在朝著中國化邁進的社會當中，就連「本地」這樣的詞彙都逐漸無法使用，而現實正逐漸貼近電影劇情。

其他還有描寫社運人士自焚的作品、廣東話的使用空間逐漸限縮的作品等。曾有人半是嘲笑地認為，香港的中國化應該不會走到這個地步，但才短短五、六年，《十年》所預言的內容就已經近乎成真，令人感到畏懼。

如同前述，台灣與香港以太陽花學運及雨傘運動為契機而接近，並產生共鳴，兩地的結合在二〇一九年來到高峰。台灣與香港的人們，彼此都喊著「今日香港，明日台灣」的口號。

這句口號，傳達了一種悲觀的預測，現今香港的局勢惡化，對台灣而言絕非事不關己，未來台灣或許也會變得像香港一樣，但另一方面，一位年輕的香港民主派學者這麼對我說：

明日台灣的意義，也表示香港正在重演台灣發生過的歷史。或許有很多人會因為這次的抗爭而遭到逮捕，這簡直就像台灣的美麗島事件，不是嗎？

電影《十年》的海報。

美麗島事件，指的是在一九七九年台灣戒嚴時期，許多社運人士試圖透過發行非法刊物《美麗島》以對體制發出批判而遭到逮捕的事件，而這起事件也反過來成為使台灣民主化運動更加活躍的契機之一。

換言之，這位學者想要表

達的是，現今香港警察對示威者的暴力行為，引起了全世界的憤怒，使香港人在政治上覺醒，導致中國的「中國化」嘗試失敗。但結果卻證明他的推測過於樂觀。

如果要用台灣的歷史來比喻，現在香港所發生的不是美麗島事件，而是在一九五〇年代到一九六〇年代肆虐台灣的「白色恐怖」。

這意味著「今日香港」反而成了「昨日台灣」。

「白色恐怖」，指的是政府當局濫用權力鎮壓民眾，而《國安法》所帶來的一連串打壓，明顯已經跨越界線。

民主派為了立法會選舉事先協調候選人，但當局卻因此全面逮捕數十名民主派相關人士。選舉制度受憲法保障，但為了勝選而協調候選人的行為卻被視為「涉嫌顛覆國家」而遭到起訴，這已經跨越了法治國家的界線，即使稱之為「白色恐怖」也不為過。

台灣的白色恐怖以一九四七年的二二八事件為起點，延續到一九八〇年代末期，耗時約四十年才實現民主化。香港在四十年後，有可能發生什麼改變嗎？二〇四七年是香港主權移交五十周年，也是「高度自治」保障期限屆滿之時。雖然永續自治的希望渺茫，但一國兩制是否能夠至少保留形式呢？或者變成像西藏一樣的「自治區」，抑或是被併入廣東省。

過去在台灣，獨立思想潛藏地下，由海外的流亡者（diaspora）繼承，直到民主化之後才在台灣復活。香港的本土思想，今後是否也將潛入地下、逃往海外，持續保留命脈直到復活之日到來呢？

第5章

消逝的「文化中國」共同體

真正的中華文明，保留在台灣及香港

在中國，文化價值之重，超乎我們的想像。

中國社會長久以來流傳著一句話：「好鐵不打釘，好男不當兵。」所謂的「好男」，指的是有教養的男子，而中國人認為有教養的男子應該成為官僚。這裡的「官僚」，指的不只是政務官，而是兼具文化素養的文人官僚，譬如在日本也很有名的屈原、蘇軾等都是文人官僚。

近代以前的中國不存在純粹的藝術家。官僚以文人身分表現自我，彰顯自己的教養，藉此被認可為一流人才並獲得提拔。

文化在中華文明當中，才是最重要的自我證明。《孫子兵法》所展現的價值觀也是如此，與其鑽研如何變得強大，還不如思考如何運用智慧，在不仰賴武力的情況下獲得勝利，以智取勝才是上策。

而就歷史而言，所謂純粹的中國人並不存在。即使是建立歷代王朝基礎的漢族，後來也不斷地與從西域等地入侵的異族融合。但即使如此，依然保有作為中國的一體感，因為只要接受了「文化」就是中華社會的一員，獲准以文明人自居。

中國的歷史學家葛兆光表示「就文化同一性而言，中國的邊界雖然有點模糊，但中心地帶卻是非常清晰且穩定的文化共同體」，他指出，文化是中國這個「國家」的基礎。

文化是看不見的。因此，中國的國界也非肉眼可見，擁有中國文化的人所在的土地就被視為中國。這個想法也創造出以文化的有無，來判定內外的「化外之地」概念。

就這層意義來看，台灣及香港繼承了中華文明的傳統，這給了中國人充分的信心，主張台灣及香港是中國的一部分。

但中國由信奉馬克思主義唯物論的共產黨所統治，宗教被視為威脅，再加上文化大革命的打擊，大幅削弱了傳統文化。

造訪台灣及香港的中國人，認為在人們虔誠到近乎迷信的台灣與香港，才真正能夠嗅到中華文明的氣息。而就我曾經在中國、台灣和香港生活過的實際感受來說，也覺得文化體驗的豐富程度，依序為台灣、香港、中國。現今的中國過度重視物質，文化氣息貧乏。

台灣的人情味源自儒教？

二〇一〇年，大批中國觀光客在親中的馬英九政權執政下造訪台灣，我以前認識的中國作家也來台灣訪問，因此我們便一起出去用餐。

中國人造訪台灣的申請手續，比一般的海外旅行更為繁複，所以一次來訪至少會待一周，通常會待兩周，其中也有不少人會停留長達一個月。尤其是作家和記者，因為需要以造訪台灣為主題撰寫文章，因此停留期間往往更長。

我見面的這位作家也預定來台一個月，他先在台灣南部四處遊覽後才回到台北。他語帶興奮地分享「我喜歡台灣人的待客之道」。台灣人常被形容為「好客」，所謂「好客」指的是喜歡招待客人，在日本人之間也經常以「親切的台灣人」來描述這樣的印象。台灣人自己會說「這是因為台灣是塊充滿人情味的土地」，但這位作家似乎來自儒教的發源地山東省，所以他滔滔不絕地說著「好客是重視禮節的儒家傳統，也是山東省的傳統。但是在我的故鄉，這種喜歡招待客人的風俗已經不復存在。台灣才是繼承儒家傳統的地方。」

說到儒教，孔子直系子孫第七十九代孔垂長先生就在台灣，他擔任世襲官職「大成至聖先師奉祀官」。蔣介石率領國民黨撤退來台時，孔家也從大陸來到台灣。孔子第七十九代子孫就在台灣這點，或許更加強化了台灣才是中華文化傳承者想法。

近代的日本人因為漢唐傳統從近代中國消失，而對中國抱持著優越感；朝鮮的人們則在清代懷念明代，感嘆「明亡之後無中華」。現代的中國人或許也有「革命之後無中華」的感覺。

因此文化領域上的「中華圈」形成一個世界，並自然而然地出現了「中華娛樂」和「華流」等詞彙。

但現在「中華圈」在實質上已經等同於死語。使用中文製作的電影和電視劇，即使語言相同，但本質已經有所不同，強行塞進同一個圈子裡過於勉強。

曾經看似一個群體的中華圈，現在已經分崩離析。

演藝圈的東京奧運騷動

二〇二一年東京奧運期間，台灣藝人小S所引起的騷動，引發中台之間的熱烈討論。雖然日本幾乎沒有媒體報導，但台灣與中國的網路，有一段時間完全被這個話題占據。

小S的本名是徐熙娣。她與姊姊徐熙媛都是知名藝人，姊姊被稱為大S，因此妹妹就被稱為小S。她以流暢的節奏大膽質問當紅來賓而大受歡迎，與人氣主持人蔡康永共同主持的脫口秀節目《康熙來了》，於二〇〇四年開始在台灣播放，由於網路上也能看到盜版，因此在網路文化開始興起的中國，迅速成為熱門的地下節目。

在實施管制的中國，海外藝人的作品即使未透過官方播放或出版，也有不少人先透過網路的盜版而爆紅，後來也抓住現實生活中的機會。

中國當局在當時並未批准綜藝節目的播放。人們熱衷於在網路上觀看同樣使用中文的台灣綜藝節目，因此小S即使未在中國從事演藝活動，知名度依然水漲船高。二〇一五年宣布節目將結束播放時，中國社群媒體上的感嘆之聲比台灣更大。這也類似酒井法子發生醜聞，或飯島愛去世在中國所引起的迴響，反而比日本更加強烈的情況。

小S後來利用自己的知名度進軍中國演藝圈，活躍於節目主持和廣告代言等領域，也賺取了巨額的收入。

然而，東京奧運卻讓小S被貼上「台獨主義者」的標籤。

稱台灣選手為「國家代表」而被出征

台灣選手在東京奧運展現了前所未有的突破，台灣人的民族主義情緒隨之沸騰，對奧運的關注度也與日俱增。小S在社群媒體上發文表示「要請全部國手到家裡吃飯」。她發文的時間點，是台灣羽球代表選手在女子單打決賽中輸給中國羽球代表選手的時候。

激起中國網友反應的是「國手」這兩個字。「國手」，在中文當中通常指的是國家代表選手，在台灣也不例外。台灣雖然以「中華台北」的名義參加奧運，但實際上選手當然是台灣（中華民國）代表，因此無論是台灣媒體、政治人物還是一般人，通常都會以「國手」稱之。

然而，中國網友卻對小S感到不滿，認為她是「台獨派」，對小S的批評也如燎原之火般迅速蔓延。但實際上，小S遠遠稱不上台獨，在台灣甚至被歸類為親中派藝人。她出身自外省家庭，並公開表示自己的祖先來自山東省。

對這場騷動第一時間做出反應的，是與小S簽下代言合約的中國企業。洗髮精品牌清揚特地聲明「本公司與小S的合約已經終止」。此外還有多家企業宣布終止與小S的代言合約。台灣媒體在報導中推測，這個行為可能造成三千二百萬台幣的損失。

小S表示：「先讓我靜一靜好嗎？」而她的母親也說：「女兒只是支持運動員，不管世界上哪個運動員都不分彼此，只要能登上奧運都很了不起，也只能希望網友支持。」而以親中派聞名的台灣媒體人趙少康則跳出來聲援：「替奧運『國手』加油何錯之有？不要讓藝人成為兩岸政治角力的犧牲品。」

中國政府發表了幫小S滅火的評論。畢竟像小S這種同時活躍於台灣與中國的「兩岸藝人」，也是有助於對台輿論工作的重要存在。

然而，以「反獨促統」（反對獨立、促進統一）為口號，鼓吹不能放過台灣獨立的任何風吹草動的，就是習近平政權，他所點燃的愛國主義之火，也反過來燒到自己所培養的親中台灣藝人。

中國網友對進入中國市場的台灣藝人所發動的攻擊近乎失控，甚至對中國的台灣統一戰略造成不良影響。過於極端的愛國輿論控制，對中國而言成為頭痛問題。對於被貼上台獨標籤的莫名畏懼，在台灣演藝圈蔓延。

演藝人士當然希望在中國發展事業並拓展人氣。娛樂市場畢竟是巨大的，如果可以觸及，想要拿下也是無可厚非。如果中國方面要求，說些「兩岸是兄弟」「以和為貴」之類的言論也無所謂，但他們不會去批評民進黨，也不會說應該立即統一。他們的生活據點始終是台灣。他們在台灣享受自由，也有家人和朋友。如果蒙受「賣台」的批評，可能會嚴重損及他們的人際關係與生活。

但如果問到會不會取得中國國籍，深知生活在社會主義中國將面對什麼風險的台灣人，多數不願意走到這一步。或許一時之間在中國會被當成英雄對待，獲得入選政治協商會議成員等榮譽，但一般台灣人無法忍受就連自己的生死大權都被黨和政府所掌控。

對台灣藝人來說，在中台之間選邊站變得愈來愈麻煩也是事實。

電影《健忘村》事件

在二〇〇八年開始執政的馬英九政權下，「兩岸文化交流」受到中國方面的鼓勵，台灣的演員、歌手、藝人開始大舉西進。但二〇一六年蔡英文政府上台後，兩岸文化交流突然吹起逆風。最大的理由在於中台的政治對立，以及中國網友的行為模式變得極端。

中國與台灣合作的喜劇大作《健忘村》所帶來的紛擾，成為兩岸文化交流的轉換點，也關係到後來的小S事件。

該片挹注了中台合作電影的史上最高投資額，由台灣知名導演陳玉勳執導。中國方面的製作公司，是中國最大的連鎖電影院品牌大連萬達集團。萬達集團在二〇一六年上海電影節期間，發表了將推出三十部新作的計畫，而《健忘村》更是被列為其中的重頭戲。

同年十一月，該片在中國舉行開拍記者會。除了導演陳玉勳之外，還請來在中國也相當活躍的台籍演員舒淇及張孝全擔綱演出，中國的知名演員也參與其中，看起來是個保證熱映的計畫。

然而到了十二月，情況卻開始變得詭譎，源頭出在台灣。知名廣播主持人董智森在飛碟電台的節目中，語帶嘲諷地說：「陳玉勳是太陽花學運的要角，現在卻拿大陸的錢拍《健忘村》，他自己健忘了嗎？」

站在董智森的立場，他想說的或許是「與中國合作拍電影，不像陳玉勳本來的風格」。陳玉勳在政治上確實被認為是比較偏向民進黨。在太陽花學運時，似乎也曾站在學生立場發言，但他也不是那種會參加要求獨立的遊行，或是撰寫偏激文章的類型。台灣的電影人有些偏向國民黨，有些偏向民進黨，不像日本那樣有「藝人不談論政治」的不成文規定。在過去，有問題的行為是站在運動的第一線，但陳玉勳的情況卻是連政黨支持傾向本身都被視為問題。

請找出台獨導演

台灣廣播節目上的發言，就算在沒有任何人注意到的情況下被遺忘也不足為奇，但網路時代的恐怖之處，就在於可能會被中國的某個人在網路上收聽。播出當天，中國的網路上出現一篇文章。

這篇文章的標題是「請找出台獨導演」，內容是這樣的呼籲：「大家可以聽今天的董智森節目。」此外還有其他類似內容的文章，也在相當於中國版推特的微博上流傳。

兄弟們又有任務了，台獨導演的新片要上映了，是萬達投資的。台獨導演叫什麼名字？看看十二月八號董智森的電台就知道了。呵呵，這次有萬達護航，不容易。

這是「台獨獵巫」的開始，接下來的發展一氣呵成。「台灣反服貿導演的《健忘村》大年初一上演，真以為大陸人民都健忘？」這類煽動民族主義的文章，接二連三在網路上出現，「台獨導演陳玉勳」登上熱門的搜尋關鍵字，中國共青團湖南省委員會官方微博也批評：「想來撈金還和我們唱反調？」

作品上映之際，陳玉勳被迫做出痛苦的決定。

我從來就沒有台獨的理念，也不支持台獨、更不是台獨人士。

香港媒體表示，陳玉勳在二〇一七年一月發表這份聲明時，受到萬達集團的壓力。當局的上映許可證，直到聲明發表後才終於發下來。如果沒有導演的聲明，這部電影甚至連上映都不被允許，想必也無法在中國發行DVD或是觀看吧？這麼一來，將會陷入連工作人員的薪水都發不出來的最糟狀況。陳玉勳被迫將身為導演的電影生命與自己的名譽放在天秤的兩端衡量。

在北京舉行的發表會上，陳玉勳並未露面，萬達的名字也從製作人員名單中消失。電影的票房成績取決於上映的戲院數，而萬達是中國最大的連鎖電影院集團，原本甚至能夠將旗下二至三成的電影院分配給《健忘村》，但最後分配比例降至五%，上映後一個月後更降至一%以下。這麼一來，就算原本有機會熱映的片子也賣不出去了。這被視為對台獨標籤的處理。這部電影在中國的成績差強人意，即使在台灣表現不錯，投資也不可能回本。

作品本身的評價不差，我也進電影院欣賞，並不是一部失敗的作品。導演與演員都有知名度，只要宣傳做得好，應該可以回收成本並締造票房佳績。

中台關係的未來尚未明朗，中國也並未行使武力。但在習近平體制下膨脹的愛國主義與民族主義砲彈，已經掉落在台灣的文化界。《健忘村》就在最糟糕的時刻被擊穿。

僑民所形成的一體感

過去在兩岸三地的文化圈，存在著由擁有共同語言的文化人所編織而成的一體感。

中國小說家魯迅無論在台灣還是香港都無人不知，與香港頗有淵源的中國小說家張愛玲的作品也廣受閱讀。在中國因政治因素導致作品被封殺的作家，在台灣與香港出版他們的書籍，中國人如果去到當地出差就會買回來。在武俠小說領域，沒有其他作家比香港的金庸更受歡迎。至於因發表《醜陋的中國人》一書而引起爭議的台灣歷史作家柏楊，在中國也擁有高人氣。

因為兩岸三地的人，共享著一種生活在同一個世界的感受，與國界或國籍無關。中國作家、藝術家和電影人，在中國近現代的混亂中，分別逃往台灣．香港，以僑民身分傳播中國文化。

一九八〇年代，台灣電影掀起新浪潮，侯孝賢、楊德昌等人才紛紛發表優秀作品。至於中國，張藝謀、陳凱歌等所謂的第五代導演正大顯身手。而香港的徐克、吳宇森等導演的才華也震撼全世界。雖然他們並未露骨地批判共產黨或國民黨的統治，但他們的作品都具有人文視角，希望觀眾能夠仔細觀察社會中的人性。

在冷戰的大結構下，中國發生了文化大革命，台灣則面臨國民黨的專權統治，雙方都度過政治壓迫文化的時代。作品是他們表達抗議的方式。我們外國人也將這些作品解釋成共通的文化運動，並將兩岸三地的文化視為「華流」，理解為橫跨中華世界的類型。

金馬獎的變質

然而，中國、台灣、香港的電影圈在這十年卻出現了極大的鴻溝。其象徵就是台灣的金馬獎。

兩岸三地各自都有代表性的電影獎，中國是金雞獎，香港是金像獎，台灣則是金馬獎。其中，台灣的金馬獎被視為歷史最悠久、最具權威的獎項。

原因就在於金馬獎的「開放性」。

金雞獎和金像獎基本上都以中國、香港製作的電影為對象，就像日本的電影獎不會將最佳影片頒發給好萊塢電影或韓國電影一樣，金雞獎和金像獎基本上也不會提名外國電影。

但金馬獎卻不同。只要是使用中文的華語電影，無論由哪個地方製作，都能夠成為評審的對象。

金馬獎這樣的態度，與其發展的歷史有關。「金馬」在英文中被翻譯為「Golden Horse」，獎盃也是金色的馬。但金與馬這兩個字，也代表由台灣實質統治，地理位置靠近中國的金門與馬祖這兩座離島，因此金馬獎的名稱，隱含讓人想起反攻大陸的政治意圖。

相對於共產中國，台灣雖然自詡為自由中國，但實際上白色恐怖卻在國民黨獨裁的威權主義體制下蔓延，中國雖然貧窮，看起來卻對未來更有希望。為了在國際宣傳戰中勝出，展現自由中國的文化優勢，台灣開始舉辦金馬獎。因此，金馬獎原本是為了蔣介石的政治宣傳而設立的電影獎項。

金馬獎為了掛上華語電影最高殿堂的招牌，不只台灣電影，也對香港、東南亞等地的電影敞開門戶，成為華語電影的登龍門，所以在選片方面非常開放，民主化後的一九九六年，也對中國電影開啟大門。以最佳影片的得獎作品來看，從一九九六年到二〇一九年這二十四年間，雖然台灣電影的得獎數量最多，共十部，但香港電影有七部，中國電影有六部，新加坡電影也有一部，顯示台灣以外的作品也有不少獲獎。

金馬獎被譽為中華圈最開放、審查最公正的電影獎項，其招牌絕對貨真價實。中國電影導演即使在國內擁有龐大市場，仍為了名譽而競相爭取提名。台灣的金馬獎是兩岸三地電影人齊聚一堂，把麻煩的政治問題拋諸腦後，享受電影盛宴的場域。

但也有一些台灣電影人，對於自己的自信之作因中國、香港的作品而無法入圍或得獎感到不滿。二〇〇八年，票房獲得空前佳績的台灣電影《海角七號》，也被中國電影奪走最佳影片地位，引發台灣粉絲不滿。但以選出華語圈最佳電影為傲的金馬獎，並未動搖其審查方針。

年輕導演的得獎感言成為轉捩點

「開放的金馬獎」在二〇一八年十一月十七日，於台北國父紀念館舉行的金馬獎頒獎典禮上迎來轉捩點。誰也沒有預料到會發生這樣的事情。一位年輕女性導演的作品被選為最佳紀錄片獎，她緩緩地站到台上發表感言。

我真的很希望有一天，我們的國家可以被當成一個真正獨立的個體來看待，這是我身為一個台灣人最大的願望。

她的名字叫做傅榆，當時三十六歲，是移民台灣的東南亞華僑的女兒，一九八二年出生。她在台灣的大學讀影像，並從在學期間就開始發表紀錄片作品。她的得獎作品名為《我們的青春，在台灣》，以台灣學運領袖陳為廷和中國留學生蔡博藝這兩位年輕人為主角，傅榆作為導演，探討中國、香港和台灣的公民運動如何連動，並花費龐大時間拍攝這兩人。

她在台上的發言，博得滿場掌聲。但會場中卻有一群人表情不為所動，也沒有鼓掌，他們是從中國前來參展的電影人。

該年的金馬獎，特地請來自台灣的世界級導演李安擔任評審主席，並邀請了許多中國和香港的來賓，成為活生生展現「開放的金馬獎」的場域而備受期待。

深知習近平體制下的文化管制有多麼嚴苛的中國電影人極度敏銳。中國觀眾也正透過即時轉播，觀看這場頒獎典禮。

傅榆發言之後，只要輪到中國電影人上台，就開口必稱「中國台灣」與「中國電影」，他們明顯想要避免提及「台灣電影」與「台灣人」。頒獎典禮結束後的晚宴，中國電影人幾乎全數缺席。

事件發生的時間點也很微妙。台灣即將在大約一周後舉行九合一大選，執政的民進黨因為與中國關係惡化等原因，遭到在野的國民黨嚴厲批評並處於劣勢。蔡英文總統不可能在這時保持沉默。

我們從來沒有接受過「中國台灣」這個說法，也不會接受這個說法，台灣就是台灣。在這裡不會有人因為不同言論就消失或被消音，我們也沒有會被網路屏蔽的敏感詞。我們也希望這些來到台灣的客人在享受自由的空氣之餘，也能尊重台灣人民的想法。

傅榆隨後在接受媒體採訪時表示，她只是唸出原本就準備好的講稿而已。她說：「大家都很覺得我是女戰士，要去對抗什麼，但真的不是這樣。我講這些話，對我來說就是，長久以來，身為一個台灣人，我想被尊重。」

她並未提及台獨，只是說出了台灣的一般活動上，任何人都可能說出口的內容。然而一旦討論被政治化，就不可能再回到原本的內容了。

中國逐漸與金馬獎「絕緣」

台灣電影人支持國民黨也不罕見。畢竟就歷史來看，台灣的娛樂及電影與國民黨的政治宣傳密不可分。當時就連鄧麗君也在軍系、黨系的嚴格管控下，被培養成台灣代表性歌手。

他們對傅榆投以嚴厲的批判，譬如「金馬獎有不觸碰政治的傳統」「她的發言毀了金馬獎」等。

雖然李安努力緩頰，表示「台灣是自由的，影展也是開放的，大家愛講什麼就講什麼，我們不能去限制，影人都是我們的客人」，但當時的狀況卻容不下這樣的理性言論。

從隔年開始，中國當局原則上不再允許中方來賓參加台灣的金馬獎。而香港也一樣，除了獨立製作的作品之外，多少都有中國資本加入，只要是瞄準中國市場的作品，就只能與金馬獎絕緣。台灣的金馬獎，原本是形成兩岸三地文化共同體的唯一管道，但現在不得不轉變成為以台灣作品為主的電影節。

台灣電影受到台灣社會推動本土化的影響，從前述事件之前就已經與中國電影、香港電影漸行漸遠也是事實。台灣觀眾偏好的主題，也逐漸從兩岸三地共通的普遍性，轉向台灣社會熱門、好評的議題。以審查標準具有普遍性為傲的金馬獎，與重視台灣價值觀的新生代台灣電影人之間的矛盾逐漸加深，也有人樂見台灣電影因中國電影拒絕參展而增加被看見的機會。

傳榆的言論導致中方與金馬獎「絕緣」，或許顯得有些過於戲劇性，但這或許是早晚會發生且無法避免的事情。

文化終究因政治而被撕裂。沒有什麼比文化能夠單獨存在於這個世界的想法更加天真了。權力將普遍價值觀當成祭品的傾向，這幾年來在兩岸三地逐漸增強。

在中國，政府能夠對哪些電影允許上映做出最終判斷。即使是傑作、名作等級的內容，只要批評政府，也很難找到發行商，甚至連參與製作的電影人的創作生命都可能被剝奪。

台灣也一樣，由於市場較小，製作電影少不了文化部的補助款，金馬獎也是由文化部資助的官方活動。

兩岸三地「政治與文化的距離」密不可分，遠比我們熟知的日本更接近。因此在政治脈絡中，我們必須隨時關注文化的動向。

與黃秋生的合影。作者提供。

衰頹的香港電影文化

相較於台灣電影，香港文化陷入更加複雜難解的狀況，尤其是曾被譽為「東方好萊塢」的香港電影。

我曾在二〇一九年冬天，在東京與香港知名演員黃秋生見面。他為了宣傳隔年將在日本上映的主演作品《淪落人》而來訪日本。

「淪落」，是「被社會排斥，墮落失意」的意思。這是一部描寫因遭逢意外而半身不遂的香港中年男性，與菲律賓籍女性看護成為心靈伴侶的故事。

日本人聽到黃秋生的名字，或許就會聯想到他在《無間道》中飾演的刑警。而另一方面，他在香港則是少數展現出偏民主派言行的藝人，並因此而聞名。他在二〇一四年香港爆發的民主化運動「雨傘運動」中，曾發表批評中國政府的言論，並因此被香港電影界封殺。這位在電影界獲獎無數的名演員，再也無法出現於主流作品，這部《淪落人》也是獨立製作的電影。而我向他提出了一個有些冒犯的問題。

這個問題或許有些冒犯。您在電影中飾演淪落人，您本身不也是在電影圈的淪落人嗎？

這位名演員語氣不為所動地回答：

什麼冒犯，不會，不會，不會。最後還是要看自己怎麼看待自己吧。電影角色也是一樣啊。雖然自己或許沒有什麼了不起的能力，但幫助別人這點小事，我還是做得到，所以，究竟自己是淪落人或是有力量的人，還是可以選擇的。這是部非常成功的電影。我也得了獎，在義大利上映時，也邀請我前往宣傳，然後也將在日本上映。事情如此發展，我真的是個淪落之人嗎？人生有許多東西，金錢無法取代啊。

黃秋生以這部作品第三度拿下香港金像獎最佳男主角，展現出名演員的實力。然而在《國安法》實施後，他在香港就連活躍於獨立電影的舞台都變得困難。他在二〇二〇年移民台灣，繼續演員生涯。至於香港，已經沒有他能夠活動的空間了。

香港電影檢查條例

香港電影迎來寒冬。

二〇二一年十月，香港立法會通過《電影檢查條例》修正案。該修正案的規範相當嚴格，只要當局在審查作品時判斷「有損國家安全」，就能夠禁止上映，甚至進入家宅搜索，若被認定為違反條例並遭到起訴，最高可處三年有期徒刑，並課徵高額罰金。

這項修正案在立法會幾乎是全數通過。因為立法會的民主派議員，在選舉前大半被迫卸任或辭職，餘下的四十二席議員中，四十一席被親中派占據。這樣的結果無論是電影界還是輿論界都大感錯愕，但在親中派幾乎完全控制立法會的情況下也束手無策。

《國安法》實施後，只要高舉「國家安全」這面令旗，就能夠為所欲為。這樣的實例顯然表示，香港正在發生與中國內部同樣的狀況。

雖然香港原本就有電影審查制度，但只是針對出現暴力和性行為等內容的作品進行觀影年齡的分級，並未對政治方面進行審查。

電影曾是香港的代名詞。香港電影曾有一段時期被列為世界三大電影產業，與美國好萊塢和印度寶萊塢齊名，甚至被譽為「東方好萊塢」。香港在一九八〇、一九九〇年代，每年都會製作近三百部電影。當時在香港留學的我，每個周末都會去大學附近名為沙田的區域看電影，當成學習廣東話的補充教材。那時的電影題材從功夫片、愛情片、警匪片、恐怖片到喜劇片等應有盡有，雖然也有很多不怎麼出色的作品，但每年都會固定產出令人讚嘆的傑作。

香港這個小小的地方，為何擁有如此雄厚的電影實力呢？我感到非常不可思議，而後來才知道這與香港歷史有著深刻的關連性。

中國文化人在日中戰爭、國共內戰、文化大革命等時期，逃到英國統治下的香港，以香港為據點持續他們的創作活動。豐厚的人才加上香港不限制言論自由的風格，綻放出充滿活力的電影文化。香港的電影，可說是由中國的動盪所培養起來的。反過來說，香港的電影也因此而充滿對中國的愛與嚮往，電影中雖然有不利共產黨的內容，但卻不否定香港與中國之間有著剪也剪不斷的緣分。

這樣的香港電影界，如今卻變得面目全非。

曾有數十萬人從事的香港電影產業，其製片人與演員在近年卻因親中派與民主派而分裂，而隨著檢查條例的通過，分裂將在今後進一步擴大。

來自香港的導演、製片人和演員在一九九七年主權移交後，大舉進軍中國電影產業，人們稱之為「北漂」。這個詞原本指的是沒有戶口的地方居民前往北京工作，帶有漂流到北京的意思，但不知不覺間也開始用來形容香港電影人在中國發展的情況。

張藝謀、鞏俐等中國赫赫有名的電影人曾以香港為據點活動，雖然不知道他們是否被稱為「南漂」，但香港曾是中國電影人所追求的巔峰聖地。主權移交前的熱門中國電影《少林寺》與《霸王別姬》，基本上也由香港的工作人員參與制作。但中國的電影市場在主權移交後開始成長，香港的知名電影人如周星馳、徐克和《無間道》的劉偉強等，都接連前往中國發展。

當時的中國有市場、有資金，卻缺乏人才與技術，香港電影人恰好填補這塊缺口。後來他們成為中國電影界不可或缺的要角，但另一方面，也開始在香港扮演起中國政府「代理人」的角色。

成龍就是最具代表性的例子。他在日本也曾有極高人氣，但近年來卻不斷發表符合中國立場的言論，與其說是電影人，倒不如說是親中文化人，因此也愈來愈常受到香港社會的批評。

關於電影審查的強化，據說在香港拍攝最多作品的資深導演王晶，則留下這樣的評論。

這是為了擠壓反中亂港分子推銷私貨的空間。

強調香港電影的時代結束了。日後只要有中國電影、華語電影（這個類別）就夠了。

王晶在二〇一二年黃之峰等人反對教育改革時曾予以聲援，但在二〇一四年的雨傘運動中卻批評他們是「問題學生」，並表明將與支持雨傘運動的電影人絕交，因而引起話題。

當時王晶絕交的人物之一，就是前面提到的黃秋生。

香港加強電影審查，想必將決定性地擴大香港電影界親中派與民主派的鴻溝。親中派電影人愈來愈往北京靠攏，民主派電影人則往台灣尋求活路。我想，香港電影界的空洞化與衰退已經無可避免。

儘管「香港電影已死」的說法也在香港流傳，但香港的電影人並未放棄。傑出的作品絕對沒有從香港消失。尤其是年輕的電影人，他們的創造力反而在二〇一四年的雨傘運動之後不斷提升。譬如拍攝二〇一九年遊行的紀錄片作品，每一部都擁有出色的品質，彷彿可以聽到他們在大喊「香港電影沒有死」。這些電影人在那樣緊張的氛圍中堅持不放下攝影機，讓人不禁想為他們的氣魄與勇氣送上掌聲。

理所當然地，這每一部作品在香港都是連上映也不可能。前面提過，曾在香港電影金像獎獲得最佳影片獎的《十年》，當時雖然也無法在大型電影院放映，但還是能夠播放給一般觀眾觀賞。

而另一方面，來自香港的作品，依然在世界各地的電影節中獲得高度評價。描寫學生與警察之間長達十一天的攻防戰的紀錄片《理大圍城》，是一部導演與製片人都匿名的特殊作品，卻仍在山形國際紀錄片影展中獲得首獎。紀錄片《時代革命》於二〇二一年夏天在坎城影展突襲上映後，也在同年的東京國際影展中播放，博得熱烈掌聲。

中國完全沒有報導香港獨立電影的活躍之姿，對中國輿論也沒有帶來任何影響。在中國，長久以來作為紀錄片堡壘而存活下來的上海紀錄片影展已經停辦，不要說批判政府了，就連觸及社會矛盾的作品，也幾乎不再有製作、上映的餘地。

原本應該合而為一的兩岸三地文化早已不再是一個整體，現在完全陷入分崩離析的狀態。中國所期望的文化統一變得遙不可及，諷刺的是國家分裂已經在文化領域成為現實。

文化對居民的情感影響深遠。就長遠的眼光來看，現狀對中國的國家統一是利還是弊，想必已經不言自明。

第6章

國際矚目的台灣及香港問題

台灣及香港「再度」受到矚目

台灣與香港的新聞價值，自二〇一九年起一口氣大幅提升。對於像我這種從較早時期開始關注台灣及香港的人而言，其變化之大令人震驚，深刻體會到台灣和香港問題已經升級為全球性的課題。

為什麼在討論小小的台灣與香港時，必須將全世界都捲進來？現在與過去又有什麼不同？而成為國際議題的台灣及香港問題，帶給我們什麼樣的課題？本章將陸續探討。

雖然前面提到，台灣及香港問題自二〇一九年起變得全球矚目，但更正確地來說，應該是「再度變得全球矚目」較為適當。

世界各國在十九世紀爭相瓜分逐漸衰退的中國，而英國就透過取得香港來打頭陣。歐美列強因英國與清朝爆發的鴉片戰爭來到亞洲，以及清朝的衰退這兩件事實震驚日本，成為日本轉向近代化的一大動力。日本在甲午戰爭中擊敗清朝，獲得台灣。香港與台灣，就在歐美列強、日本、中國這些世界新舊勢力的對抗中，被捲入了全球的動盪之中。

二戰之後，台灣、香港問題依然懸而未決。日本結束占領後，英國就迅速派遣海軍進駐香港，阻止中國收復領土。當時統治中國的蔣介石，也勉為其難地接受由英國繼續統治。在中國共產黨掌握中國大陸後，毛澤東也以與英國之間的友好關係為優先，決定維持香港現狀。

至於台灣方面，在國共內戰中敗北的國民黨逃到台灣，美國試圖維持蔣介石政權，因此形成中台隔著台灣海峽對峙的狀況。無論台灣還是香港，都在東西冷戰當中，被西方陣營推到最前線，成為全球美蘇對抗格局的一部分，在政治與外交方面扮演重要角色。

因冷戰瓦解而逐漸遜色的「角色」

台灣及香港作為「西方陣營最前線」的角色，雖然並沒有因為東西冷戰瓦解而消失，卻已經大幅變得遜色。曾是東方陣營強大勢力的中國，藉由提出改革開放政策成為世界的夥伴，而以美國為中心的對中接觸也成為得到全球認可的政策。其象徵就是台灣及香港在維持原本制度下接受中國統一的一國兩制，而實際上香港的主權就以這種方式從英國成功地移交給中國。

至於台灣問題，儘管台灣試圖尋求獨立之路，美國與國際社會的態度卻相當冷淡。雖然誰也沒有說出口，但愈來愈多人認為台灣被中國併吞，就歷史來看是無可避免的命運。尤其在九一一事件之後，美國正忙於對抗恐怖主義，無暇顧及亞洲問題，中國於是學會透過引導美國來控制台灣，使其無法發展獨立運動的方法。這個手法稱為「經美制台」（利用美國來壓制台灣）。「美中分治世界」的構想，也開始被熱烈討論。

這麼一來，雖然台灣及香港的問題仍舊重要，但國際上賦予這個問題的地位是「東亞國際政治的重要議題之一」，換句話說就是將其定位為地區新聞。日本在評論外交方面的新聞價值時，若以相撲來比喻，日美、日中為橫綱級，日韓、日俄為大關級，歐盟和中東衝突為關脇級，台灣與香港則頂多是小結級。儘管台灣問題在一九九六年的總統直選、香港問題在一九九七年主權移交時曾一度因為受到關注而提升級別，但隨著事件結束後又恢復原本的狀態。

台灣及香港的重要性逐漸減退的傾向，在二〇一四年的太陽花學運和香港的雨傘運動中開始逆轉。

現實總是比我們的想像要早一步。台灣及香港的運動，已經超越單純抗議當地政權的範圍，面對中國崛起這個對全球帶來影響的現象，他們展現出抗拒姿態。

台灣方面，後來由試圖與中國拉開距離的民進黨蔡英文總統在二〇一六年勝選並回歸執政。超乎事前預測的勝利，震驚了全世界。因為許多人都抱持先入為主的觀念，認為台灣將會被在經濟上占優勢的中國併吞。香港民主派與本土派的席次，也在二〇一六年的立法會選舉中大幅成長。

時代的齒輪從這時開始逆轉。即將到來的美中新冷戰的前兆，在我們尚未察覺的情況下，逐漸地悄然接近台灣及香港。

新冷戰的風波率先影響香港

「攬炒」這個陌生詞彙，從二〇一九年夏天開始在香港出現。這是個廣東話的詞彙，意思是把食材全部丟進鍋子裡燉煮，文字只是諧音，因此即使看到「攬炒」這兩個字，也幾乎沒有中國人懂它的意思。

把食材全部丟進鍋子裡燉煮，會變成什麼樣子呢？許多中華料理的食材都不留原型，因此把攬炒翻譯成日文，就是「同歸於盡」的意思。香港人或許有某種追求末日的心理，從中可以感受到他們已經陷入找不到出口的困境。

香港的問題，無法只憑香港人的力量解決。香港很小，而且已被納入中國的主權之下，北京聽取香港人民意見的可能性極低。那麼，民運該怎麼做才能取得成果呢？唯一的方法就是把國際社會捲進來，雖然多少有些犧牲也是不得已。香港的民運人士會這麼想是理所當然。

香港有被稱為「和理非」的群體，傳統的民主派人士提出「和平、理性、非暴力」的穩健主張，而「和理非」就是其簡稱。他們的目標是向國際社會展現香港的困境。在美國議會擁有人脈的李宇軒、年輕領袖黃之鋒等人前往美國，展開遊說活動。

香港的示威活動中，出現了揮舞美國國旗或英國國旗的團體。這既是對中國的挑釁，同時也包含著把世界民主主義的領袖美國，以及前宗主國英國拉進來的願望。

然而，自雨傘運動之後，部分本土派與獨立派的年輕人認為，單純的和平抗議改變不了現狀，因此他們不再堅持非暴力，開始採取攻擊性的行動。舉例來說，他們曾闖入香港國際機場，導致班機停擺將一介國際都市的人流阻斷，對香港經濟造成巨大損失。他們希望透過占領機場癱瘓城市功能，讓香港政府和中國政府意識到打壓民主運動的代價。

「香港作為一個都市，失去繁榮也無可避免。無論是香港政府還是中國政府，最好都和我們一起滅亡」的這種攬炒思想，或許會被認為有些極端，但對於想將香港拉進新冷戰對立格局的他們來說，卻是基於「合理計算」的戰術，而這樣的戰術也在某些方面取得成功。

該如何讓美國採取行動

美國在一九九二年制定了《美國—香港政策法》（*United States–Hong Kong Policy Act*）。只要香港的自治得到保障，美國就會給予香港特殊待遇，譬如保護香港以經濟體身分單獨加入WTO等組織的權利、承認港元與美元的掛鉤等，而條件是美國國務院有義務在每年，向國會提出對於香港自治機能的評價報告。

這看在中國眼中是「干涉內政」，但維持香港金融都市的功能，不可缺少美國的特殊待遇。中國為成功實現一國兩制，也判斷接受這樣的條件才是上策。這也是美國接下來仍支持中國加入國際社會的訊號。

如果說所謂的美中蜜月期從一九八〇年代持續至今，那麼香港就是其象徵，可說是雙方利害關係一致的場所。

但美國的香港政策，卻以二〇一九年為分界，轉了一個大彎。

國務院在該年三月提交給國會的報告中指出「香港的自治正瀕臨危機」。

就連將香港的遊行形容為「暴動」的美國總統川普，也一改原本的態度，在該年九月的聯合國大會上，要求中國政府遵守《中英聯合聲明》（*Sino-British Joint Declaration*）。

美國顯然有意將香港的情勢，連結到美中關係。

繼川普總統之後，副總統彭斯也以「如果香港發生暴力事件，將難以繼續交易（deal）」來牽制中國。眾議院議長裴洛西（Nancy Pelosi）與香港的黃之鋒等人會面，並召開聯合記者會。同年六月提交美國國會的《香港人權與民主法》，幾乎獲得參眾議會一致通過，並由川普總統在十一月簽署後生效。根據這項法律，香港的高官等在不久後將被禁止入境美國。

二〇二〇年五月，川普總統表示「現在已經變成一國一制了」。中國在該年六月通過香港《國安法》後，美國又制定《香港自治法》（*Hong Kong Autonomy Act*），並對十一名高官發動制裁。該年十月，又進一步確定對十名高官發動制裁。

美國的制裁對象並未包含中國共產黨高層，而港幣與美元的掛鉤也非制裁對象，由此可知美國雖然已經把手指放在扳機上，最後卻沒有扣下。二〇一九年到二〇二〇年，香港無疑地在美中新冷戰的舞台上扮演主角。這也實現了「攬炒」的目標。

流亡的香港人

現在的香港，一國兩制在實質上遭到否定，民主派被徹底趕出香港的情況依然持續。在這種情況下，香港人正在發生分散到世界各地的流亡（diaspora）現象。香港人，或許將成為二十一世紀的猶太人或吉普賽人。

就歷史來看，香港人口一直都在持續增加。雖然在一九六七年的「左派暴動」、一九八四年的《中英聯合聲明》、一九八九年的天安門事件等，曾發生暫時性的移民流出，但香港彷彿就像把人吸進來的大磁鐵，人口基本上仍舊是持續增加的。

然而根據香港政府統計，從二〇二〇年開始到二〇二二年二月，人口減少了十一萬人。雖然詳細的人口移動分析接下來才要開始，但這明顯屬於異常狀況。

二〇二一年底，在民主派媒體《蘋果日報》消失後仍孤軍奮戰的新聞網站《立場新聞》，因《國安法》而遭到檢舉，理由是「發表煽動性的新聞，擴大對中國政府及香港政府的不滿」。編輯部遭到搜索，七名幹部被逮捕，其中也包含香港知名歌手何韻詩。

當時住在日本的香港人也遭到通緝。這名被通緝的香港人是在山梨學院大學擔任特聘教授的練乙錚。

練教授曾在前行政長官董建華底下擔任香港政府顧問，但因表現出同情民主運動的立場而遭到解雇。後來他成為經濟報紙《信報》的專欄作家，持續撰寫優秀的經濟與政治分析，成為人稱「香江第一健筆」的新聞工作者。他從二〇一二年起在秋田國際教養大學執教鞭，而後到山梨學院大學任教。我才剛於十二月時在東京聽他演講，因此相當驚訝。雖然日本與香港之間有刑事互助協定，但我想即使香港政府提出要求，日本政府也不會同意引渡。隨著香港人的流亡，世界各國將無可避免地與中國及香港政府陷入對立。

其他像是與黃之鋒、周庭等人一起成立「香港眾志」政黨，並當選立法會議員羅冠聰，也以實質上相當於流亡的形式前往英國，在那裡積極地發表關於香港的訊息。

關於流亡地點，也有不少知識分子與文化人選擇能夠使用中文，且距離較近的台灣。也有多位新聞工作者前往英國。至於年輕人，或許會選擇使用英語就學機會相對開放的澳洲或加拿大。想必也有香港人為了致力於向美國議會遊說而前往美國。

應該也有一些人考慮從香港前往日本避難，周庭或許就是其中之一。香港流亡者的種子散播到世界各地，成為未來中國形成國際輿論的巨大障礙。他們在今後想必將成為「訴說者」，將自己的流亡經驗不斷地在世界各地傳述。

站上美中新冷戰浪頭的蔡英文

台灣問題全球化的預兆，也和香港在同時期出現。蔡英文總統在當選前和當選後曾多次登上美國《時代》（*TIME*）雜誌封面。或許有一部分是因為女性總統的新聞價值吧？日本也出版多本關於蔡英文總統的書籍。蔡英文總統本身並沒有像李登輝總統那樣的魅力，也沒有陳水扁總統那樣的煽動力，更不像馬英九總統那樣外表出眾並擅長運動。

蔡英文總統雖然學識豐富、頭腦清晰，但演說內容卻缺乏趣味，在台灣著名的選舉造勢場合中，經常發生只要她站出來講話，會場的熱度就會冷卻的狀況。

剛開始很難預測蔡英文這位領袖在這樣的困境中，將帶領台灣走向何方。她在二〇一八年十一月的九合一大選吞下大敗時辭去黨主席，甚至有人懷疑她是否能夠披上戰袍角逐總統連任。改變這個困境的，是香港局勢惡化導致台灣社會的危機感大增。而美國政府也希望蔡英文總統連任，她在面對中國時展現

登上《時代》雜誌封面的蔡英文（2015年6月29日號、2020年10月5日號）。

出堅定態度，最後在二〇二〇年的總統大選中，以史上最高票獲得壓倒性勝利。

蔡英文總統復活的背景是台灣問題的全球化，她穩穩站上這股浪潮，成功擺脫政治危機。

二〇二一年三月，日本和美國舉行了外交與國防部長參與的「二加二會談」，會談中就「台灣海峽和平與穩定的重要性」這點，達成一致看法。以此為開端，菅義偉首相（當時）於四月首次訪美時，也在日美領袖會談聯合聲明中明確提到台灣海峽的和平與穩定。這是日美領袖會談時隔五十年來，再度載明台灣問題。聯合聲明中所使用的文句是「日本與美國強調台灣海峽和平與穩定的重要性，並推動和平解決兩岸問題」。據說美國的重點在於「台灣海峽和平與穩定的重要性」，而日本則顧慮到中國，加入「推動和平解決兩岸問題」字句。

中國極度排斥美、日插手台灣問題，因此一直以來都致力於將其定位為「內政問題」，而這樣的聲明意味著中國的企圖受挫，台灣問題成為國際社會關心的議題。

支持民進黨色彩強烈的台灣日刊報紙《自由時報》，發表了一篇標題為「台灣不能成為自由世界的破口」之社論，文章中指出「抗中已成為美日聯合陣線的共同目標，而台灣的地位在此形勢下益形重要」。

同年的G7領袖會議中也提到了「台灣海峽的和平與穩定」。台灣問題的的重要性，在二〇二一年急速提升。

由一九七〇年代發生的中華民國退出聯合國（一九七一年）、日台斷交（一九七二年）和美台斷交（一九七九年）等事件所形成關於台灣的國際局勢，也可稱為「七〇年代體制」，再加上中國企圖將台灣鎖進「一中框架」的周密工作，使得這個體制長久以來都被認為是堅若磐石。但無疑地，這塊磐石已經出現嚴重裂痕。

美國戰略模糊的極限

過去保護台灣的是真實的軍事力。

曾經主張反攻大陸的台灣，也在一九九〇年代因李登輝總統而放棄這樣的立場，台灣的軍備轉變為專精於保護自己的「專守防衛」。儘管國防支出並不吝嗇，但中國的國防支出成長過於迅速，軍事力的優勢完全傾向中國。台灣的GDP與中國相比現在也已經降至大約對方的二十分之一，就現實情勢來看，中台軍事失衡已經成為無法阻止的狀態。

世界對於這樣的現實狀態，在某種程度上也認知到中台關係總有一天將在中國的主導下解決，只是時間早晚。美國歷年來也對台灣問題採取「戰略模糊」，如果台灣自己屈服，將無法提供保護。

美國的「戰略模糊」依據是《台灣關係法》（*Taiwan Relations Act*）。美國不否定中國將台灣視為領土一部分的主張，但必須採取和平手段解決台灣問題，而不管中國意願如何，美國都有權利供應台灣防禦性武器。

換句話說，如果台灣人民與政府希望統一，美國也不反對，但條件是禁止行使武力。優先考量美中關係穩定的中國政府，儘管就官方立場持續批評美國的武器供應，但也不斷地表示「台灣問題是美中關係最重要的問題」以保全自己的顏面。

「戰略模糊」制定的時代，尚未將中台在經濟、軍事兩方面的不對等考慮進去。中國自胡錦濤政權時代，就制定了「經武合體式」的台灣戰略，在施加軍事壓力的同時，利用經濟力將台灣併吞。這樣的手法被視為對台的基本戰略，也稱為「以商圍政」（利用商業包圍政治）。

於是，在適應中國崛起的同時，也期待美國支援的馬英九總統，提出「不統、不獨、不武」（不統一、不獨立、不行使武力）的平衡政策，在二〇〇八年誕生以對中融合為主軸的國民黨政權。

然而，這種在美中之間角力的戰略，終究只是在拖延時間，實際上主導權往往還是掌握在中國手上。

建構「三面盾牌」

即使如此，台灣依然不放棄。為了告訴全世界「台灣的重要性」，腳踏實地累積了許多準備。

所謂的準備，就是建構以下介紹的「三面盾牌」。

這三面盾牌分別是「民主制度」「半導體」和「日美同盟」。這三面盾牌使台灣問題變得國際化，使台灣得以經受中國方面施加的壓力。

第一面盾牌是民主制度，也可稱之為「軟實力」。對台灣而言，民主制度並不像戰後的日本那樣從天上掉下來，而是藉由本身改變威權主義體制後所獲得的成果。

台灣在二〇二〇年總統大選創下投票率約七五%的紀錄。台灣人對民主的熱情，是許多國家所缺乏的。以日本為例，眾議院選舉的投票率只有五成多，年輕人的投票率甚至跌到三〇%左右。台灣雖然沒有精確的統計，但年輕人的投票率看起來也不輸年齡較高的世代。

台灣的政治參與意識之高，是享譽全球的民主美德。

台灣自一九九六年首次舉行總統直選以來，四年一度的總統大選已經舉行了七次，其中發生三次政黨輪替。日本一直以來所追求的兩黨制順利運作，亞洲「民主主義先進地」的寶座早已被台灣奪走。

女性的政治參與也非常活躍，立法委員的女性比例超過四成。公民參與式政策制定，也在數位政委唐鳳的主導下大幅進展，建立了人民在網路空間積極提出政策，再由政府蒐集的系統。新聞及言論的自由度也總是獲得國際上的高度評價，甚至凌駕於日本之上。

穩健實行民主制度的台灣，在全世界的評價逐漸提升，也給人邁入「收成期」的感覺。如果沒有台灣的民主在國際上值得讚譽的評價，美國的拜登政府也不可能即使遭到中國批評，依然邀請台灣參加民主高峰會。客觀來看，美國國會之所以無論是民主黨還是共和黨，都不分黨派擴大對台灣的支持，台灣實踐了優秀的民主制度也是重要因素。

許多國家儘管同情台灣，都因為害怕中國而保持沈默，但也有國家特意增強對台灣的支持，那就是中東歐的立陶宛與捷克。立陶宛面對波羅的海，與愛沙尼亞、拉脫維亞並稱為波羅的海三國，在第二次世界大戰期間，因日本外交官杉原千畝發行「生命簽證」給猶太人而聞名。

立陶宛原本也在「一帶一路」的構想發表後開始關注中國資本，然而當全世界陷入「債務陷阱」的中小國開始增加後，就與中國保持距離，加大與台灣的往來。雖然現在因為將台灣的對口機構名稱改為「台灣代表處」而受到中國的明顯打壓，但像立陶宛這種曾在蘇聯時代經歷過自由與人權遭到剝奪的國家，具有再也不希望受強權支配的強烈意志。國民對歷史的集體記憶，使他們與台灣產生共鳴。

如果台灣仍維持蔣介石時代那種權威主義體制，就不會發生這些情況。捷克參議院議長維特齊（Miloš Vystrčil）也在二〇二〇年訪問台灣，並在議場宣告「我是台灣人」。二〇二一年十一月訪問台灣的歐洲議會代表團主席，法國籍的格魯克斯曼（Raphaël Glucksmann）議員也表示「台灣是理念與歐洲最接近的夥伴，也是盟友。台灣是地區最活躍的民主體制寶藏」「台灣並不孤單。保護台灣符合歐盟利益」。

這些發言之所以會被引述，也是因為距離台灣遙遠的歐洲，有著與台灣共通的價值觀。就重視國家利益的純現實主義觀點來看，加深與台灣的關係並不划算。但世界也不是只基於利益運作，無論政治家還是政黨，都會背負著其所憑依的歷史與理念，生活在現實當中。

而觸動他們內心的事物就在台灣，這點成為台灣強而有力的武器。那就是這裡介紹的「民主體制盾牌」。

面對「中國因素」

當然，只懂得說漂亮話無法在嚴峻的世界存活下來，還必須擁有自己的武器，而這個武器就是經濟力。儘管「台灣身分認同」逐漸增強，人們也一致認知到台灣是不穩定的場所，因此，台灣人經濟的關注度普遍很高。當我說我的存款幾乎都存在銀行的時候，台灣朋友總是帶點訝異地問我為什麼不買股票或是投資房地產呢？他們一到中午就忙於查看股價，積極建立自己的資產。我想這種積極性，或許源自移民國家DNA中的求生本能吧？因此，如果台灣的景氣低迷，政府就會受到批評；如果經濟成長，政府就能穩定執政，這樣的架構確實存在。

此外，還要加上中國的經濟崛起因素。「中國因素」是全世界所有人都面對的問題，就這層意義來看，台灣也位於世界的最前線。

中國的急速成長對台灣而言是很大的機會。許多公司在一九九〇年代之後，都藉由成功進軍中國而發展成大企業或世界級企業。其中包含由郭台銘領軍，在中國擁有好幾座以十萬人為單位運作的巨大工廠，甚至併購日本夏普（SHARP）的鴻海集團，也包含了原本在日本學習米果技術後回台創業，後來進軍中國大獲成功的蔡衍明所率領的旺旺集團。

這些企業都與中國政府建立密切關係，給予台灣社會根深柢固的「親中派商人」印象。

其最終形式，是由郭台銘在二〇二〇年總統大選中宣布參選（宣布後即退出），以及蔡衍明收購台灣的《中國時報》媒體集團。

中國之所以能夠利用經濟滲透台灣，背後原因就在於台灣的經濟成長由盛轉衰，但中國的經濟力正逐漸增長，面對這樣的現實，強化與中國的關係才是上策逐漸變成普遍的判斷。除此之外，主張親中的馬英九政權誕生，也起到一定作用。

對此，民進黨則提出台灣的自立路線。而自立不可缺少最低限度的經濟力，如果不想辦法解決對中出口依賴度超過四成的問題，將無法對抗「中國因素」。

所幸，台灣擁有半導體這項其他國家無法輕易模仿的獨家技術。在國際分工的體制之下，一直以來都是設計由美國負責、代工製造（製造完成品）由台灣分擔，客戶則是全世界。而台灣半導體產業的核心，則是台積電這家巨大企業。世界上沒有冠上台積電品牌名稱的產品，而台積電也不像英特爾那樣生產自有商品。就事業規模來看，台積電與日本的日立、東芝不相上下，但直到最近，絕大多數日本人都甚至沒聽過這家公司。

然而現在對台灣而言，台積電已經成為世界保護台灣的理由。時代的齒輪總是不知何時開始運轉，而這正是有趣的地方。

靠半導體引領世界

「地球上最危險的地方。」

二〇二一年五月，英國經濟雜誌《經濟學人》（*The Economist*）的封面設計成為目光焦點。台灣的地圖上畫著瞄準鏡，而其準星就對準台灣。右下的太

《經濟學人》雜誌2021年5月號封面。

平洋側是美國國旗，左側則是中國國旗。這張封面用一張圖的設計，完美地展現了台灣的國際定位。

最令人震撼的是「地球上最危險的地方」這個標題，而副標題則是「關於台灣的未來，美中雙方都必須努力不懈地避免戰爭」。

但文章的實際內容與其說是關於安全保障，還不如說把焦點放在半導體。全球的半導體代工七成由台灣掌握，尤其最尖端的高效能運算（HPC）用半導體晶片，台灣更是擁有八四%的市占率。如果台灣翻覆，整個世界都會大亂。倘若中國掌控台灣的半導體，那麼世界的經濟命脈也會被中國掌握。尤其台積電的半導體製造技術遠遠領先同業的其他公司，據說三星、英特爾和中國企業，至少需要五至十年才能追上台灣。

話說回來，台灣的半導體是作為國家戰略一環所扶植起來的產業。一九八〇年代，台灣政府從美國聘請創辦人張忠謀，並出資成立台積電這家公司，直到今天，台灣政府依然持有約六%的股份。當時必定誰也沒有料到，台積電將成為世界經濟的咽喉點（choke point）。現在對台灣而言，台積電已經成為重中之重的珍寶，甚至被稱為「護國神山」。

重要的是，台灣內部存在著世界必須傾全力保護的風險。如果台灣本身沒有價值，無論台灣人民再怎麼呼籲自己不想被統一，世界也聽不進去吧？台灣將半導體產業推向「台灣的半導體風險，即是世界風險」的高度，為台灣的防禦創造出新的空間，使得美國除了國家安全外，還有其他必須支援台灣的理由。

而美國高科技產業自二〇一八年起決定對中脫鉤，也為台灣帶來有利因素，加上新冠疫情影響，全球陷入半導體供應不足困境，台灣半導體的價值更是水漲船高。日本的豐田等汽車產業也因為半導體供應不足而不得不減產。

日本政府不惜斥資四千億日圓的高額補助金，也要招攬台積電前來日本的熊本設廠，就是在沒有半導體就無法製造汽車的迫切課題下，無論如何都希望將台積電的工廠引進日本。熊本工廠生產的是二十奈米的通用產品，日本雖然也希望擁有三奈米和五奈米的半導體生產據點，但這種最尖端的半導體在日本目前的產業界幾乎沒有需求。

所以相較之下，還不如加強與台積電等台灣企業的連結，提高日本仍保有優勢的半導體材料及製造裝置的競爭力，盡可能打入台積電的供應鏈，建立日本也能在半導體方面滿足台灣需求的結構。

如何吸引美軍插手干預

台灣的第三面盾牌，是「日美同盟之盾」。台灣曾憑藉軍事力在物理上阻止中國的侵略。由美國在一九八〇年代供給的F-16戰鬥機和法國製造的幻象戰鬥機等所組成的台灣空軍，至少具備不讓中國空軍掌握制空權的實力。

然而過了大約三十年，這段期間中國以每年增加一〇%的國防支出支持軍事擴張，已經發展到台灣無法單獨應付的程度。台灣的空軍優勢，也因為美國自F-16之後就沒有再供應新的戰鬥機，而被解放軍的最新世代新銳戰鬥機超越。中國在台灣海峽對岸部屬的飛彈，甚至有可能在首波攻擊就將台灣的軍事基地幾乎摧毀殆盡。二〇〇五年至二〇一〇年被視為中台軍事平衡逆轉的分水嶺，自此之後台灣幾乎不可能在軍事上單獨對抗中國。

曾以精實為傲的台灣軍隊，也因為徵兵制實質上接近廢止，再也無法應付中國的人海戰術。

這麼一來，台灣只剩下唯一的選項，那就是將日美安保與「台灣有事」結合，藉此謀求自身安全。儘管民主制度與半導體產業能夠憑藉自身力量發展，但唯有軍事方面除了拉攏日美之外別無他法。

那麼，台灣究竟採取了什麼行動呢？其中之一就是建造樂山雷達站。台灣聳立著東亞最險峻的山脈，即中央山脈。這是由歐亞大陸板塊、太平洋海板塊與菲律賓海板塊碰撞隆起所形成的山脈，將近四千公尺的高山縱貫南北，彷彿就像一面聳立的高牆。

一般車輛在中央山脈所能夠抵達的最高地點之一，就是位於台灣西北部新竹縣樂山的雷達站。這座雷達站是台灣斥資四百億元新台幣建造的早期警戒雷達，於二〇一二年完工。雷達基本上用來偵測水平方向發射的電波的反彈，然而因為水平的關係，如果高度太低，照射面積難免會變小。日本也經常可以在遠離人煙的山區看見設置的雷達。而將雷達設置於二千五百公尺的高山上，不單純只是為了保障台灣安全，顯然也是為了監視中國全境的動向。台灣並未擁有樂山雷達使用的「相位陣列」技術，從設計到完工，都必須由美國提供全面支援。透過樂山雷達，能夠俯瞰中國的新疆維吾爾地區與南海。這些數據與美軍連結，並同步共享。雖然對台灣來說，四百億元新台幣的投資不是小數目，但是與美國的共同合作卻具有重要意義。

展現成果的時間點是二〇二〇年十月。蔡英文總統前往視察樂山雷達站，激勵在嚴寒土地執行任務的士兵。當時公開的照片引起熱議，因為蔡英文總統背後的一角拍到疑似美軍的人物。

當時中國正在加強對台灣的軍事威脅。美國人在照片中出現，極有可能是為了向中國傳達「美國正在監視」的訊息。

美國對台灣的軍事參與也逐漸改變。從柯林頓、小布希（George Walker Bush）到歐巴馬政府，對台的武器供應都普遍低調。據說這也是出於對中國的顧慮。中國不認可美國對台灣的武器供應，每次都進行猛烈的抗議。雖然供應台灣武器是美國的《台灣關係法》所允許的行為，但在重視對中關係的時期，其必要性就遭到低估。

但川普總統改變了這樣的氛圍。

二〇一九年八月二十日，美國政府宣布出售六十六架F-16 C/D的最新型F-16V Block 70戰鬥機及相關設備給台灣。並於二〇二〇年八月二十八日，在台灣成立亞洲第一座F-16戰鬥機維護保養、修理、大整修（MRO）中心。亞洲其他擁有F-16的國家也能透過台灣使用這個MRO中心，使台灣逐漸開拓在地區安全保障中扮演要角的道路。

拜登總統在二〇二一年十月表示「對防衛台灣有責任」。他的發言引發熱議，人們討論美國對台灣的「戰略模糊」政策是否改變。後來白宮雖然出面澄清拜登的發言，但美國內部也有意見認為，關於台灣的「戰略模糊」政策是否該轉換成「戰略清晰」，因為這麼做將對中國釋放出更強烈的訊號。

《台灣關係法》的重點放在武器供應，並未記載實際的防衛承諾。美國暫時應該不會表達明確的政策轉變。但一九九六年發生台灣總統直選的台海危機時，美國派遣兩艘航空母艦前往台灣，因此也沒有理由相信「美國在台灣有事時絕對不會介入」。就這層意義來看，「戰略模糊」政策依然有效發揮牽制中國的作用。而台灣也必須繼續採取行動，盡量提高美國提供支援的可能性。

利用漁業協議，「凍結」釣魚台問題

只靠遙遠的美國，心裡不夠踏實。如何拉攏既是鄰國，也與中國關係緊張的日本，對台灣而言也相當重要。台灣很早就採取行動，其中之一就是對釣魚台的政策處理。

台灣比中國更早主張對釣魚台的領土主權。雖然這也與台灣的國家體制屬於中華民國有關，但一九六〇年代末期，地質調查結果發現釣魚台近海潛藏豐富石油資源，蔣介石總統便以此為契機，搶先一步主張領土主權，於是原本對釣魚台漠不關心的中國也慌忙宣示主權。最初對釣魚台採取強硬立場的反而是台灣，甚至還採取登島行動。直到現在，台灣都沒有鬆動其「釣魚台屬於中華民國領土」的官方主張。

但現在的台灣並未像中國那樣整天派遣漁船或海警船宣示領土主權，採取讓日本緊張的行動。這是因為日本與台灣在二〇一三年簽訂的《台日漁業協議》發揮效力。

這份漁業協議實質上是一種交易，允許台灣漁船在釣魚台近海進行捕撈作業，但條件是不再對日本採取抗議行動。台灣方面的抗議主體原本就是漁民，因為戰前台灣屬於日本領土，他們能夠如常進行捕撈作業，而戰後的沖繩美軍占領時期，釣魚台是否屬於日本領土這點也並不明確，因此漁業活動依然持續進行。

但自從一九七〇年代沖繩回歸日本後，漁民就無法輕易接近釣魚台了，因此台灣方面透過主張領土主權來代替漁民表達不滿。這項漁業協議實質上是透過解決漁民的不滿來將問題暫時擱置，台灣方面之所以會同意，一方面是顧慮漁民權益，另一方面也是為了避免在國際上遭到孤立，因為這個問題導致在最重要的對中關係上難以與日本步調一致。

三一一大地震的捐款

日本方面在《台日漁業協議》做出許多讓步，因此日本政府內部也有反對聲音。但即使如此，協議依然得以實現，這是因為在漁業協議簽訂前的二〇一一年，發生了一件在輿論面使日本與台灣變得更加親近的重要變化，那就是三一一大地震發生後，台灣捐助給日本二百億日圓的捐款，讓沉浸在震災與核電廠事故傷痛的日本人大為感動。這是自一九七二年斷交以來，對日台關係產生最大影響的事件。

過去在日本社會中關注台灣議題的，以對政治及外交感興趣的人為主，但三一一之後對台灣的關注拓展到一般民眾，再加上與中國及北韓的對立關係，日本民眾開始意識到台灣才是真正的朋友。

在重視日中關係的時代，呼籲強化對台關係幾乎成為禁忌，但捐款帶來一個肯定強化對台關係的重大理由。政治家也知道支持台灣能夠受到輿論歡迎，再加上日本社會的中國威脅論逐漸高漲，在安全保障面也應該支援台灣的論點，已經被視為理所當然。

如同前述，日美兩國領袖在二〇二一年發表的聯合聲明中提到「台灣海峽的和平與穩定」，前首相安倍晉三甚至在演講中表明「台灣有事，就是日本有事，也是日美同盟有事」。台灣一直以來所期待的，日美成為台灣安全保障盟友的行動，也朝著日美安保被視為台灣盾牌而邁進一步。這可視為漁業協議與三一一大地震捐款這兩件事情所帶來的成果。

中國強，台港也成為國際議題

最後，想要討論台灣及香港問題成為國際議題的一大要因，這項因素與中國本身有關。

雖然中國一直以來都主張，台灣及香港是被賦予格外重要性的特殊案件，但任何國家都有絕對不能讓步或妥協的問題也是事實。尤其近代民族主義具有強烈重視領土的傾向，為捍衛國家尊嚴而引發紛爭的情況也不少見。

如果中國只是影響力局限於亞洲的大國，那麼台灣及香港問題想必也不會成為受到國際重視的議題。

中國現在的GDP已經超越日本，成為全球第二名，同時也展現超越美國的氣勢。每年持續成長一〇%的軍事力發展也相當突出，成為無論經濟或軍事都與美國不相上下的「超級大國」。除此之外，中國也正在展開像「一帶一路」這種涉及全球的大規模計畫，影響力將擴及非洲、中亞、中東、東南亞等，都已經聽到膩了。

中國採取拒絕任何妥協立場的台灣及香港問題，重要性隨著其國力增強而等比例增加，要說當然也是理所當然。在被稱為新冷戰的對立架構下，香港被中國化，美國則強化對台灣的支援。就目前情勢來看，任何人都不再能夠輕易接受中國口中「台灣及香港是內政問題」的主張。簡言之，中國已經成為全球大國，所以台灣和香港問題，也隨之變成全球問題。

不過，台灣及香港問題變成國際議題，並不單純只是成為大國博弈的棋子，也可以想成是更容易將大國捲進來。

英國也因香港問題與中國對立

過去以不結盟主張贏得第三世界合作的中國，心裡是否也有所察覺呢？原本支持中國、喜愛中國的人，曾在中國感受到追求理想的美德。即使大躍進政策失敗、文化大革命受挫，都未曾失去對中國的尊敬。但現在雖然覺得中國的經濟成長很了不起，但老實說，已經無法從這個國家的整體形象中感受到理想與美德。

無論是中國政府、香港政府還是香港的民主派，都是造成香港混亂的原因吧？中國政府應該在能夠退讓的部分退讓，找出妥協點，與民主派及親中派共存，在二〇四七年「高度自治」的期限到來之前，展現出繼續以「一國兩制」管理香港的態度。

對於一國兩制的明顯否定，增強了美國與日本等各國的對中警戒論，就連原本在歐洲對中國最為友好的英國，都站在對立面。這也不足為奇，畢竟中國曾明確表示，決定香港主權移交的《中英聯合聲明》只是歷史文件，不具現實意義。既然被如此藐視，英國也不得不重新審視對中關係的戰略。儘管英國因為「脫歐」(brexit)而轉換成親近美國並重視亞洲的方針，但讓這個對國際輿論具有影響力的英國站到中國對立面的因素，卻是「小國中的小國」——香港。

希望中國能夠重新反省這三年來發生的事情。世界對中國是多麼地失望，又是如何背離中國，試圖與中國保持距離。對他們來說，展現「一國兩制」這種具有包容力的政策，一直以來都是讓世界相信中國善意的特效藥。

中國是否能夠發現把這帖藥方調配到毫無效力的原因呢？把台灣及香港問題導引成全球關注焦點，正是中國本身。

第7章

日本該如何看待台灣及香港問題？

台灣有事，就是日本有事

二〇二一年，是針對台灣及香港問題，確信「時代已經改變」的一年。

這一年，也讓身處二十一世紀的我們實際感受到，如何面對台灣及香港問題，已經成為非常重要的課題。

對現代日本人來說，思索台灣及香港問題，就相當於思索如何與中國打交道的問題。而帶給我們這個印象的，就是前首相安倍晉三的「台灣有事」發言。

同年十二月，安倍晉三出席台灣智庫的線上會議，在會議中表示：「台灣有事，就是日本有事，也是日美同盟有事。」雖然中國政府表示這段發言是「干涉內政」，但卻反而遭到日本外務省以下列聲明反駁。

（1）非政府相關人士所提出之言論，政府沒有立場一一說明。

（2）中國必須理解日本國內對於台灣局勢存在著這樣的觀點。

（3）日本不會接受中國單方面的主張。

這幾點聲明當中，最重要的是第（2）點。

日本輿論界對於政府的聲明送上掌聲與喝采的，或許是（1）和（3）。雖然外務省的反駁合情合理，但即使不合道理，只要中國提出強烈要求，也經常能夠動搖日本社會。因此（2）等同於告訴中國，現在已經不再是這樣的時代了，這點讓我感到新奇。

與李登輝訪日時的變化

這讓我想起二〇〇一年中國對李登輝訪日的抗議，剛好發生在二十年前。已經卸下總統職務的李登輝，為了治療疾病而以個人身分造訪日本，照理來說並沒有違反日中邦交正常化的協議。

然而，中國視李登輝為「隱性台獨分子」並懷有戒心，對於李登輝的訪日，不可能沒有政治上的疑慮，因此施加強烈的外交壓力，企圖阻止日本核發簽證。

這個情況需要討論的是，中國的抗議「是否動搖日本社會和日本政府」。

畢竟李登輝是否真的是台獨分子，是否真的生病，都是不可能證明的問題，討論這些問題沒有太大意義。

當時，無論是日本政府還是國會議員，對於這個問題的意見都分成兩派。負責在贊成派與反對派之間做出最後抉擇的，是時任官房長官的福田康夫，他謹慎地判斷民意，尤其是報紙的論調。

最初表示贊成的報紙是《產經新聞》與《讀賣新聞》，後來《每日新聞》和《日經新聞》也表示贊成。最後，當時被認為是最親中的《朝日新聞》發表了一篇「核發簽證無可避免」的社論，也站到了贊成方。這成為拍板定案的關鍵，日本政府於是決定核發簽證。

日本政府終究還是因中國的抗議和壓力而動搖了，只不過中國的抗議以失敗告終，但至少中國曾一度動搖日本，因此並非毫無成果。

那麼過了二十年後，安倍前首相的「台灣有事」發言又是什麼樣的情形呢？中國的抗議同樣激烈。

中國不只批評日本「干涉內政」，還用「發起侵略戰爭的日本，沒有資格談論台灣」「不要低估中國人民的堅強決心、堅定意志、強大能力」「不要玩火自焚」等最嚴厲的辭令猛轟。如果是不久之前的日本，這樣的辭令至少會稍微掀起議論吧？

但如今日本社會的反應卻極為冷淡，除了外務省條理分明的聲明之外，都只是靜觀其變。中國的抗議並沒有動搖日本社會。

當然，中國也有對日本施加報復的選項，但也不能僅憑「一介議員」的言論就發動經濟制裁。

從這樣的現象可以窺見，日本社會對中國的看法已經出現了深刻的變化。外務省聲明中的「中國必須理解日本國內對於台灣局勢存在著這樣的觀點」，也正顯示這點。

「台灣有事，就是日本有事」的主張終究是抽象的論述，具體的「有事」存在著無數套劇本。舉例來說，距離台灣本島遙遠的無人離島中，有好幾座島由台灣實質控制，如果這樣的離島遭到中國人民解放軍的軍事占領，也是不折不扣的「台灣有事」，但卻不會成為「日本有事」，也不會成為「日美同盟有事」。根據具體推測，南海的東沙群島等島嶼遭到占領的風險最高。至於金門島與馬祖島人口相當多，防禦措施也很充足，或許會發生激烈戰鬥，但美軍應該不會介入。因此，可以說中國發動攻擊的可能性並不為零。

然而如攻擊台灣本島，對台灣人民、美國僑民與日本僑民的生命財產將造成威脅，於是美軍就很有可能根據防禦台灣的承諾而發動軍事作戰。這時沖繩的美軍基地就會成為前線據點，中國也會考慮攻擊吧？如果演變成這種情況，就是不折不扣的「日本有事」，也是「日美同盟有事」。

安倍先生看重本島遭到攻擊的風險，並基於這樣的立場發表「台灣有事」的言論。風險大小是情勢判斷，不同人有不同的意見。

更需要思考的是，不久前還是首相的人，儘管知道會引起中國強烈反彈，卻依然光明正大地說出「台灣有事，就是日本有事」，而日本社會大多數人也不覺得有任何問題，社會上反而充斥「安倍先生，說得好」的聲音。

而導致對中輿論變得強硬的最大貢獻者不是別人，就是中國自己。

正在改變的對中好感度

日本的對中好感度持續二十年以上緩慢下降，似乎已經降到不能再低的地步。

根據內閣府的「外交輿論調查」，一九八〇年代只有二至三成的人表示「對中國沒有親近感」，但到了二〇一九年，覺得對中國有親近感的人只剩下兩成。換句話說，在親近或不親近中國的問題上，輿論已經反轉。

不用說，日本是個民主國家。雖然並非直選，但日本的領導者是透過國會議員選舉選出來的。輸掉選舉的政黨和不受歡迎的政治家，基本上無法成為執政黨或總理大臣。

這八成回答「沒有親近感」的人，在選舉時想必會對於把票投給被視為親中派的候選人感到猶豫。當然政治家也注意到這點。儘管「反中」經常被批評為民粹主義，但正確來說，多數政治家都注意到被視為「親中」的缺點是更貼近現實的。

而這樣的現實，才是中國應該擔心的吧？前面介紹的外務省針對「台灣有事」發言的談話，就相當於好心地提醒中國這點。中國也有人理解這段談話的意義，然而在公開場域不可能把這點放到檯面上討論，也沒有人能夠直接地告訴習近平。因此由「反中輿論」支撐的日本政壇，想必在短期內不會改變迴避親中的局勢。二〇二一年自民黨黨主席選舉時，「親中疑慮」成為高人氣的河野太郎議員的絆腳石，大家對此應該記憶猶新。此外，在第二次岸田內閣中被任命為外相的林芳正，也辭去日中友好議員聯盟的主席職務。

相較於對中輿論的惡化，對台輿論又有何轉變呢？這也是個問題。

關於日本人對台灣的情感，並沒有長時間的追蹤調查。畢竟日本政府在外交上不承認台灣，因此台灣也不包含在內閣府的調查項目內。唯一針對台灣製作客觀資料的，是台灣的對日窗口機構——台北駐日經濟文化代表處所進行的「對台灣意識調查」。

該調查自二〇一六年以來一直斷斷續續地實施，其中有一個問題是「覺得最親近的亞洲國家、地區」。在二〇一六年的調查中，回答「台灣」的比例高達五九．一％，相較之下回答「中國」的比例只有三．二％，「韓國」為一一．四％。而在二〇一八年選擇「台灣」的比例為六四．七％，「中國」為四．五％，「韓國」則為一七．五％。

至於二〇二二年的調查，回答「台灣」的比例為四六．六％，「中國」為三．〇％，「韓國」為一五．八％，「新加坡」則為一二．五％。在二〇二二年的調查中，「台灣」的比例之所以會降低，可能是因為「新加坡」等東南亞國家也列入調查項目，使得部分的人流到那裡去。

無論如何，台灣在這五年當中，都以壓倒性之姿占據日本人心中亞洲好感度第一的寶座。

由於沒有過去的調查資料，所以無法確定對台好感度上升，是否完全與對中好感度下降並行。然而，基本上對台灣的好感度與對中國的好感度被視為一體兩面，換句話說，日本輿論界的中國熱退燒與台灣熱興盛，存在著一定程度的相關性。

覺得親近的亞洲國家、地區調查結果（2021年）

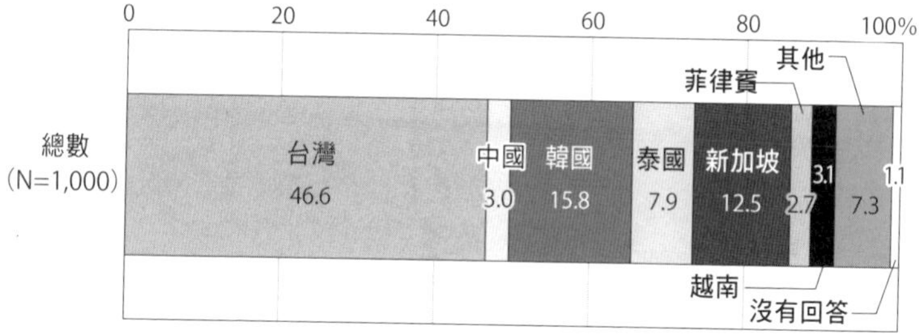

根據台北駐日經濟文化代表處的調查結果製作

「喜歡中國，也喜歡台灣」的選項理應成立，然而就實際感受而言，「討厭中國，但喜歡台灣」的人卻占了壓倒性多數。

這樣的二選一，原本並不是令人樂見的局勢。「我也喜歡中國，也喜歡台灣」這樣的選項被廣泛接受，才是最理想的狀況。

但歸根結柢，率先對日本社會（還有全世界）設定只能在中國與台灣之間二選一這個議題的，正是中國。

我在《朝日新聞》擔任記者時，曾被選為帶職留學的對象，當時決定去台灣大學，也通過考試，卻在即將出發之際遭到上司以「違反日中友好精神」為由反對，只好將到台灣留學的計畫變更為到中國留學。

對於主張「一個中國」原則的中國來說，在他們眼中親近台灣是「違反日中友好精神」的，是將導致國家分裂，並犯下動搖日中關係基礎的大罪。政府決定的事項，即使置身於政府以外的人也必須全面支持，這是中國共產黨一切都以政治為優先的思維。遺憾的是，日中邦交正常化後的日本，也確實有一段必須迎合這種思維的時期。

中台逆轉的日本輿論結構

關於日本人對中國和台灣的立場，請參考第二五四頁我所整理的圖，我認為日本人對中國與台灣看法轉變的分水嶺，就在李登輝訪日問題引起軒然大波，結果中方要求並未獲得同意的二〇〇〇年。內閣府的對中輿論調查也在二〇〇〇年前後顯示，對中國的好感度由正面轉為負面。這張圖假設二〇〇〇年以前的日本社會有三個意見主體，支持台灣的主要是自民黨的黨內右派（如清和會[1]），以及以《產經新聞》等為代表的親台派保守族群；至於支持中國的則是自民黨的黨內左派（經世會[2]、宏池會[3]等），以及以《朝日新聞》等為代表的親中派自由主義者，除此之外還有輿論（一般人）。

二〇〇〇年以前，自民黨的黨內右派大致來說屬於少數派，由黨內左派掌握主導權。至於輿論界，以左派媒體為中心的日中友好論根深柢固，對於台灣因缺乏資訊而漠不關心的族群很多，台灣幾乎不被放在眼裡，除了觀光之外幾乎是一片空白，親台輿論相當薄弱。

然而二〇〇〇年之後，日本政界的權力平衡發生變化，經世會和宏池會式微，左派媒體也因發行量下滑導致影響力顯著下降，過去支持日中友好路線的勢力逐漸失去主導權。與此同時，台灣走向民主、自由、多元社會等自由主義方向，使日本的自由派也提高對台灣的好感度。

至於輿論方面，在「安近短」（安全、近距離、短時間）的海外旅行熱潮之

1 編按：日本自民黨內目前第一大派系，安倍晉三生前曾任會長，故通稱安倍派。
2 編按：即平成研究會，現稱為茂木派，現任會長茂木敏充為自民黨幹事長。
3 編按：現任會長為自民黨總裁兼內閣總理大臣岸田文雄。

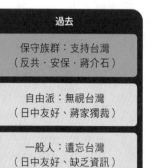

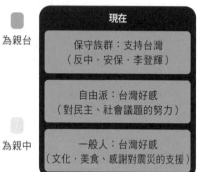

日本對台灣的看法之變化

過去	現在
保守族群：支持台灣 （反共・安保・蔣介石）	保守族群：支持台灣 （反中・安保・李登輝）
自由派：無視台灣 （日中友好、蔣家獨裁）	自由派：台灣好感 （對民主、社會議題的努力）
一般人：遺忘台灣 （日中友好、缺乏資訊）	一般人：台灣好感 （文化・美食、感謝對震災的支援）

（深色）為親台　（淺色）為親中

下，台灣的文化與美食等層面受到關注，加上也有不少人透過到台灣旅行對台灣人的友好態度抱持好感，至於中國則有外交關係惡化與反日情緒高漲等因素，因此相較於前往中國旅行，前往台灣旅行獲得壓倒性的支持度。最具代表性的例子是高中生校外教學地點的變化，直到新冠疫情爆發之前，台灣一直都是遙遙領先的首選之地，選擇到中國的學校可說幾乎沒有。

而起到重大作用的，是二〇一一年的三一一大地震。當時的日本因震災、福島第一核電廠事故等而陷入混亂，台灣儘管捐助了二百億日圓的突出金額，卻沒有獲得廣泛關注。然而在震災一年後的二〇一二年，當

公、私立高中的海外課外教學地點、海外研習地點的各國造訪人數變化

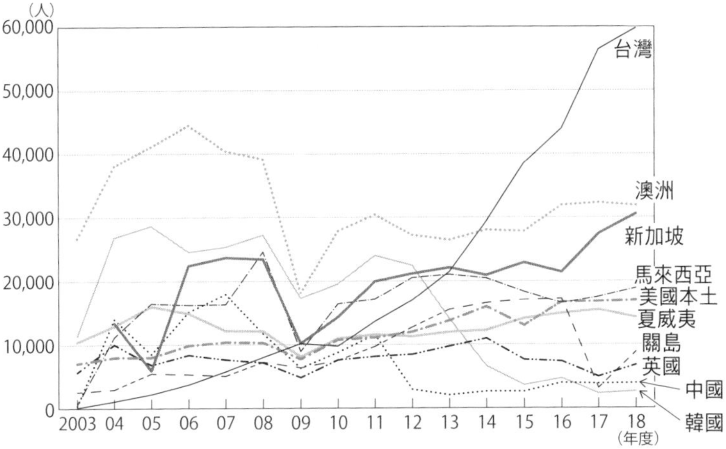

根據全國校外教學研究協會的調查製作

時的民主黨政權，因沒有邀請台灣代表出席追悼儀式而受到輿論界強烈批評，台灣的捐款反倒因此被聚焦而廣為人知。

對台灣的情感與日中邦交正常化以來的政治規則產生矛盾，這是日本社會被迫在中國與台灣之間做出選擇的例子之一。如果發生在過去，或許還是會拒絕台灣代表參加，但二〇一三年的追悼儀式卻邀請台灣代表出席，至於對此抱持不滿的中國代表則缺席。自此之後，台灣代表參加追悼儀式，中國代表卻缺席的狀況

公、私立高中的海外課外教學地點、海外研習地點的各國造訪人數比例（2018年度）

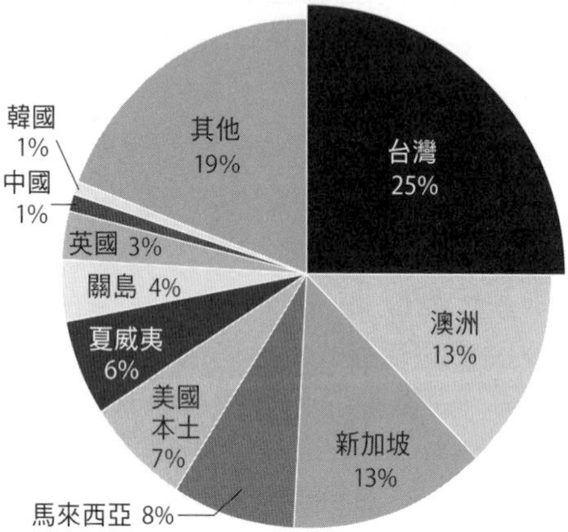

根據全國校外教學研究協會的調查製作

就成為常態。

這或許是日本的「中台輪替」浮上檯面的案例。簡單來說，日本輿論界在過去雖然親中，現在卻變成親台。

至於台灣，也有不太喜歡使用「親日」這個形容的傾向。舉例來說，我也覺得將從過去至今的台灣一口咬定為親日，似乎不太恰當，但如果是基於客觀數據討論現在的輿論就沒有問題。就統計數字來看，現在無論是日本看待台灣，還是台灣看待日本，用「親」這個字來形容，都很恰當。

「政治」成為焦點的香港

關於香港，原先日本社會所關注的重點只有兩個層面，一是經濟，二則是觀光。日本人開始熟悉香港政治的時間點是二〇一四年的雨傘運動。年輕人長達七十九天占據金融中心，要求香港政府實施普選的行動，帶給日本社會相當大的震撼。說到香港，原先日本社會通常只會討論經濟與觀光，如今政治亦浮上檯面成為重要議題。

但即使在二〇一九年的大規模遊行時，包含專家在內，普遍都還認為中國政府應該會選擇與民主派勢力妥協的方案。對於香港民主運動的形式也有正反兩面的意見，有些人對於包含破壞行為在內的抗議運動持否定看法。

然而，香港所立基的自由、民主、法治，卻被二〇二〇年六月三十日實施的《國安法》摧毀，一國兩制逐漸變得有名無實，這時日本社會也終於發現香港正在發生的是無可逆轉的深刻變化。

另一方面，日本政府對香港的反應卻比對台灣遲鈍。

畢竟香港已經納入中國的主權之下，無論如何都有無法強行介入之處。日本政府對香港問題的談話不痛不癢，日本版的《馬格尼茨基法》在國會中也遲遲沒有進展。我希望日本能夠更加積極地介入香港問題，這可以從「理」與「情」兩方面思考。

就「理」的部分來說，香港對日本的國家利益而言，也是至關重要之地。旅居香港的日本人超過兩萬人，進駐香港的日本企業約一萬三千家，幾乎與美國相當。香港對於進軍中國的日本企業來說，是獲得外部資訊與調度資金的窗口，成為進駐中國的分公司與工廠的控制台。香港社會所保障的自由與法治，對企業而言是進軍中國的緩衝，就這層意義來說，香港也扮演不可或缺的角色。為了在今後也確實維持日本在香港所擁有的龐大權益，日本有要求香港政府與中國政府的權利。

在這種情況下，日本能夠主張當今動搖法治的局勢，長期來看對香港的繁榮絕非助益。

而就「人權」面來看，也無法容忍香港近期所發生的事情。基於《國安法》等而遭逮捕及長期拘留的人數多達上萬人，其中也包含只是參加未經許可的遊行的人，他們多數並未參與破壞行為。

只不過為了在立法會選舉中勝出、調整候選人而自行做民調等，就有數十人遭到逮捕，而且也未獲得釋放。這樣的行為只是為了打壓民主派，已經過度偏離人權與法治之精神。

這所有的一切，只因為「威脅國家安全」就被合理化。過去台灣曾有一段白色恐怖橫行時期，當局以「反共」「間諜」等為由，大量逮捕、關押和處決無辜民眾。如今在香港所發生的事，就相當於假借「國家安全」之名的白色恐怖。

從這樣的道理面來看，日本有必要隨時要求中國收斂。

日本與香港的深刻連結

香港在過去曾是傳播日本文化的地方，是日本文化進軍世界的前哨站。民運人士周庭在二〇二〇年八月因違反《國安法》而遭逮捕時，在拘留期間想起偶像團體櫸坂46的名曲〈不協和音〉。這首歌有一句歌詞：「絕對不會沉默，直到最後都會持續對抗」，唱出周庭等人的心聲。

由於周庭提到〈不協和音〉，因此在日本社會也成為熱門話題。這除了因為周庭在推特上擁有超過四十萬名粉絲的傳播力之外，日本人也對香港年輕人如此熟悉櫸坂46的歌曲而感到意外。

周庭在投身民主化運動的高中時代之前，就著迷於日本的漫畫、動畫和歌謠，是個日本文化宅。如果知道日本次文化深入滲透到香港社會的狀況，日本與香港的深厚關係，就可從周庭的個人行動中浮現出來。

香港的大明星梅艷芳對山口百惠相當尊敬，留下許多她的翻唱歌曲，而在日本也擁有許多粉絲的張國榮，同樣擅長翻唱吉川晃司的歌。自日本次文化的黃金時代一九八〇至一九九〇年代以來，香港就是日本文化的最佳理解者，扮演著面對亞洲的傳播據點角色。關於周庭的這段小故事中，就蘊含了日本與香港的文化連帶。

香港比日本人所想像的還要親日。根據網路行銷公司AUN Consulting在二〇一八年所進行的以亞洲十三個國家、地區為對象的親日度調查，回答「非常喜愛日本」的香港人多達六九%，不只超越中國（三一%）和韓國（二六%），甚至還超越台灣（五九%）。類似的調查也顯示，香港人對日本的好感度達到全球最高水準的數值。

這也展現在香港人強烈的訪日意願上。在新冠病毒導致往來變得困難之前的二〇一九年，一年內有二百三十萬名香港人造訪日本。以香港的人口數七百五十萬來看，單純除起來其比例將近三分之一，超越了平均一年每四至五人就有一人造訪日本的台灣，成為各國中的最高數值。

旅行中的消費額也很高，造訪北海道二世谷等高級度假勝地的亞洲人，可說幾乎都是香港人。從香港到日本的飛行時間大約五小時，雖然不算遠，但對香港而言，也沒有像中國、台灣或東南亞那麼近。儘管如此，香港人對日本的喜愛度依然突出，在香港人之間甚至還出現把去日本稱為「回鄉」的暗語。

香港原本是個長期以來反日情緒強烈的地方。日本占領香港長達三年八個月（一九四一年至一九四五年），占領期間實行嚴酷統治，譬如積極舉發抗日間諜，為抑制人口將數百萬名居民強行遷移至鄰近的廣東省。最糟糕的是發行軍票，後來因日本戰敗導致財產成為廢紙，因此日本在香港的風評長久以來都非常差。

由下而上的對日印象

而改變這點的，正是日本在戰後的發展。

擁有「百萬美元夜景」的異國風情購物天堂香港，一直以最初的海外旅行目的地而抓住日本人的心。那個時候，香港人第一次遇見拿著相機，即使開高價也不殺價的善良日本民眾。香港人也喜歡物美價廉的日本電器，買進數量與香港人口相當的國際牌電子鍋。現在已經完全被中國企業占據的維多利亞碼頭霓虹燈廣告，當時曾是日本企業的天下。

日本綜合建設公司進軍海外的第一站也是香港。因人口激增導致缺水的香港遭遇嚴重乾旱，於是展開水壩計畫。一九六一年，熊谷組和西松建設標到戰後最初的海外建設工程。工程相當困難，甚至還有日本人犧牲，水壩最後終於完成，也確保香港製造業發展所需的供水。詳細的內容記錄在撰寫《黑部的太陽》（黒部の太陽）的作家木本正次的非虛構小說作品《香港的水》（香港の水）。

一九八〇年代，日本企業進軍海外的先驅八佰伴，將總部遷移至香港成為熱門話題。該公司不僅浩浩蕩蕩地進駐灣仔黃金地段的大樓，和田一夫等經營者也全家移民，買下位於太平山的超高級住宅。他們結交亞洲數一數二的富豪李嘉誠等人，八佰伴也繼續在香港開店。

大丸、高島屋等日系百貨原本就積極進軍香港，八佰伴的登場更是成為關鍵，使得日本食品完全在香港扎根。即使是中華圈抗拒的生魚片，在香港也沒有問題。香港的日本食品進口額截至二〇二一年為止，連續十六年蟬聯全球第一。香港人大量購買鮑魚、魚翅和日本酒等高附加價值的日本產品。

香港的對日情感建立在人們日常活動的長期累積，是憑著與中國及韓國截然不同的脈絡所建構起來的由下而上型親日，這也與台灣對日本的看法不同，台灣在戰前曾接受過日本統治的世代影響了下一個世代。而且日本不得不面對在亞洲的歷史，對這樣的日本而言，中國內部存在著香港這個日本的前哨站，在戰略上也有極大價值。

從這樣的觀點來看，我想我們或許也可以對「真的能夠對香港見死不救嗎？」這個問題，抱持著身而為人的感性。

各個世代的日本人，都共享著對香港的美好記憶，也都曾瘋狂著迷於李小龍、成龍等香港功夫明星。就如同澤木耕太郎被這樣的混沌吸引，寫出名著《深夜特急》中最精彩的香港篇，想必也有不少日本人從香港的魅力與活力中感受到些什麼。一九九〇年代，香港生活也是那些志在國際化發展的日本女性之首選。

「不希望香港再繼續失去原本的特質」這樣的想法，是遠比遙遠的歐美人所考量的人權與民主議題，更切身且自然的關心方式。

香港局勢惡化後，我更常被問到：「我們能為香港做些什麼？」而我總是一再強調「關心是最重要的」。日本是以人民為主角的民主國家。只要人們關心，政府必定會有所反應，相信這點也是民主主義的基礎。

日本民眾對台灣抱持親近感，因此近年中國對台灣的統一壓力，大幅影響了日本人對中國的看法，再加上香港問題，使得日本社會的「中國威脅論」進一步獲得新的論據。中國想必也不樂見這種情況。告訴中國「殺死香港並非上策」，也符合日本的國家利益。

就道義來看，作為香港的朋友，隨時要求中國在香港問題方面克制，也是必要的行動。為改善對中關係，不能選擇對香港問題視而不見，我們需要的是，香港問題正常化才能有助改善對中關係的論點。

樂觀主義中的香港主權移交

一九九七年香港主權移交那天，瀰漫著不可思議的光明氛圍。儘管下著大雨，全世界所感受到的依然清一色是樂見「歷史性結果」的論調。當然香港也出現了移民潮，但總體來說，很少人認真思考並討論，在英國統治下實現如此高度發展的香港，主權被移交給中國在世界史上具有什麼意義，頂多只有大英帝國的衰退與中華帝國的復興這樣的對比。其實應該可以再多討論一點該如何擔保一國兩制中所承諾的「高度自治」與「五十年不變」，但當時卻被樂觀主義所壟罩，認為中國不會輕易打破屬於國際公約的中英聯合聲明。

從現在的角度回顧，全球對於中國民族主義的防範實在是太過鬆懈。

二戰過後，我們長達七十年以上生活在「自由主義國際秩序」的框架下。這指的並不是在日本脈絡中被解釋為「改革」（左派陣營）的自由主義，而是以美國為中心，強調開放協調的國際體制。其意義是以自由民主為主要價值觀，把目標擺在建立一個盡可能讓更多的國家與人民能夠追求幸福的社會。

這個自由主義的國際秩序，在冷戰時期與社會主義將世界分為兩個陣營。冷戰結束後進一步席捲全球，甚至提出「四海一家」這個如今回想起來實在太過天真的未來願景。

然而，中國這個異形大國的崛起，卻打破了這樣的未來想像。中國披著社會主義的外皮，根本原理卻由民族主義盤據，全球對標榜「改革開放」的中國缺乏戒心，沒有發現中國崛起對自由主義國際秩序的威脅。

中國將西方的「大意」視為良機，巧妙隱藏民族主義的爪牙，表現出看似走向開放國家的樣貌。

在這種情況下，香港成為「棋子」，扮演了非常有用的角色。

中國透過和平手段「收回」香港，對於自由主義國際秩序至少展現出合作的態度。至於面對台灣，也暫時先將武力統一撤到後方，以和平統一為基礎建立中台關係。

消散的中國自由主義

日本的改革派（左派）之所以對中國懷有好感，不單純只是因為中國企圖貫徹社會主義理想這種意識形態上的理由，一部分也是因為感受到中國透過一國兩制或自治區等，對香港、台灣以及國內少數民族的多樣性展現出尊重的態度。

然而中國這樣的柔軟性，卻在習近平登場之後迅速消失。香港與台灣對中國的情感惡化，最重要的背景也是他們愈來愈無法相信中國政治體制內的「包容性」。

有人批評，日本基於日中友好的名義，不惜投入對中國的「政府開發援助計畫」（Official Development Assistance，ODA），儘管使用日本人的納稅錢作為中國經濟的「穩定化資金」，卻幾乎連個像樣的感謝也沒有。如果中國真的發展成值得結交的偉大國家，或許心理上還能夠接受，但時至今日，發展成軍事大國的中國卻威脅到日本的安全保障，反而使得日本的防衛成本水漲船高，援助中國的意義重新受到質疑也是無可避免的事情。

日本的對中情感惡化，一直以來都從日本社會的右傾化與歷史問題的對立來說明，然而實際上是共產黨的獨裁政治體制本質讓日本人失去共鳴。在經濟急速發展的背後，中國原本主張自由主義的知識分子遭到打壓，媒體受到管制，西藏、維吾爾等少數民族則受到壓迫，使得日本社會目擊到對中國改變的期望逐漸破滅的過程。

一個國家基於自由主義原則，原本應該保護少數人的語言和文化，積極採取消除歧視的措施。但中國在香港和國內，卻做了完全相反的事情。

中國是「科學怪人」嗎？

對中國的發展過程有誤解的，不是只有日本。國際政治學者佐橋亮的作品《美中對立》（米中対立），仔細地討論了美國對中國的看法如何轉變，並詳細描寫從一九八〇年代到二〇一〇年左右，在美國國內如何受到「對中國樂觀主義」的支配。

支持著美國樂觀主義的推測是，無論中國再怎麼發展，都無法成為威脅美國安全保障的對手，中國巨大的市場反而將提供美國商界無限商機。而供給中國軍事技術，也有助縮小中俄之間的軍事差距，並對亞洲的和平做出貢獻。這些論點現在看來就像癡人說夢，然而在當時卻被認真討論。

但中國後來的變化，卻背離了美國原先的想像。根據該書記載，一九七二年演出突襲訪中，成為美中關係正常化推手的前總統尼克森（Richard M. Nixon）留下這句名言：「我們說不定創造了一個科學怪人。」中國已經成為屹立在太平洋另一側，美國完全不能輕忽的對手。

日本的對中樂觀主義，還要再稍微天真一點。長期來看，中國隨著經濟發展，將會逐漸接受民主主義、基本人權、新聞自由等和我們共通的體制與價值觀吧？這樣的預測和美國相同，但另一方面，日本還有另一個動機，那就是「對戰爭的補償」，因此日本比美國更積極與中國交往，也有道德上的正當性。據說，日中之間存在著日本以投入對中ODA，取代戰後賠償的默契。

中國在這之後達成超乎預期的經濟發展，但中國的愛國主義加劇了對日本歷史問題的攻擊，對日本的批判一年比一年更激烈。除此之外，中國也以「統一台灣」為由強化軍事力，中國軍艦與軍機在日本近海遊蕩，將海上保安廳與海上自衛隊逼迫到難以安睡的狀況。日本所期望的「日中共好」這個理想主義願景，已經破滅。

日本的學術界與新聞界之意見分成兩派，一派人認為中國會像台灣和韓國那樣循東亞模式，在經濟發展有所斬獲之後，從威權主義體制走向民主化；另一派則認為，現代中國的諸現象具有固有性，「中國就是中國」，有自己的模式。現在看來，似乎將由後者勝出。

日本比其他國家更早看見中國夢，因此也更快從夢中醒來。受此影響，無論在美國還是在台灣都看不到的「中國崩潰論」曾有一段時期成為主流。這個論點掌握到中國局部性的政治不安、社會問題爆發與經濟指標變化等現象，強行得出中國不可能再繼續成長、中國的一黨獨裁無法再繼續維持的結論。

可惜這個預測是錯誤的，崩潰論本身搖搖欲墜，中國崛起已經成為不可動搖的現實。如果中國真的是「科學怪人」，那麼幫助其崛起的日本，就必須避免像創造出怪物的博士那樣自取滅亡。

亞洲必須同聲一氣

世界正忙於以美國為中心，形成對中包圍網。日本想必也會在其中扮演一定的角色。然而，我卻不希望最後演變成所謂「脫亞論」式的對中批判。

過去在波士頓美術館擔任東洋美術策展人的岡倉天心曾呼籲「亞洲一家」，但今日亞洲內部卻依然存在巨大鴻溝。現在的日本，除了中國、北韓之外，與同是美國同盟國的韓國也關係惡化。在這種情況下，除了與中國對抗之外也與歐美合作，朝著「脫亞」邁進才是上策的想法，或許吸引著日本人。

但我卻認為這樣是不行的。亞洲還是必須團結起來，從中國的周邊不斷地努力阻止該國蠻橫的行動。就中國的邏輯來看，雖然能夠把歐美的批判用「顏色革命」一句話帶過，但周邊國家的理性批判儘管忠言逆耳，卻有聽進去的可能性。如果要說日本最親密的盟友，那就是台灣與香港了。兩者所處的位置，比日本更接近中國問題的最前線，每天都承受巨大壓力面對「崛起的異質中國」。

台灣與香港是先覺者，比日本早十年，或是二十年體驗日本必須面對的未來。

我們必須回想他們的言語與行動，要求香港恢復原狀與台灣維持現狀，鍥而不捨地以嚴厲卻理性的言論說服中國，對未來提出更美好的想法。為此，我們也必須更深入地探究中國對台灣與香港的內在邏輯。

烏克蘭帶來的衝擊

二〇二二年二月，發生一起讓我再度覺得必須與台灣及香港合作的國際大事，那就是俄羅斯入侵烏克蘭。

烏克蘭的情勢，大幅震撼了台灣。

著有《歷史之終結與最後一人》（*The End of History And the Last Man*），宣告西方勝利的美國政治學家法蘭西斯．福山（Francis Fukuyama），在俄羅斯發動攻擊後的二月二十六日，進行了一場以台灣為對象的線上演講。

福山表示：「俄羅斯入侵烏克蘭是對自由國際秩序的外部威脅，全球民主政體必須團結一致對抗。因為這是對（民主體制）全體的攻擊。」但福山在三十三年前發表的《歷史之終結與最後一人》主張，世界在全球化的影響下，朝著民主化與市場化方向發展，歷史的變化已然到達終點。根據福山的論述，這次俄羅斯侵烏，想必是出乎意料的一擊，打破了民主和經濟相互依存支配世界的幻想。

福山從二〇一五年左右就修正他的主張，認為除了「民主與市場」之外，中國利用科技實現的高水準威權主義體制有機會成功，這對自由主義世界來說將成為真正的威脅。

福山在演講中表示，由於近年來的國際環境變化，中國對台灣行使武力已經「從無法想像的狀況，變成可以想像的狀況了」，並擔心相對於烏克蘭，台灣似乎缺乏自我防衛的決心。他警告說，如果台灣不為自己而戰，就無法指望美國會前來救援。

台灣的自我防衛決心到底強不強另當別論，但可以確定的是，烏克蘭問題對台灣造成巨大衝擊。

「今日烏克蘭，明日台灣」這句話，在台灣內部以象徵性的形式擴散，並就是否能將烏克蘭的命運類比成台灣的命運而展開激烈論戰。蔡英文政府迅速反駁「台灣和烏克蘭不同」，畢竟假設烏克蘭遭受俄羅斯攻擊，許多公民成為難民的情景對台灣而言不再是他人之事，那就表示台灣社會將因是否對中國動武開啟戰爭而分裂。

「台灣是安全的，中國無法出手」，蔡英文政府以這樣的社會意識為背景，選擇與中國保持距離的路線，當今的烏克蘭事件對蔡英文政府或許會成為打擊。美軍從阿富汗撤退，也導致「台灣放棄論」曾流傳一段時期。美國的軍事力弱化變得愈是明顯，就愈是動搖台灣的穩定。美國的實力在這次的烏克蘭事件中遭到懷疑，對台灣而言並非好事。

俄羅斯與中國、烏克蘭與台灣的相似點

我並不是要妄自論斷俄羅斯對烏克蘭的攻擊，將引發中國對台灣的武力行動。俄羅斯的苦戰，反而該視為提高中國武力統一台灣的難度。然而繼「今日香港，明日台灣」這句話在二〇一九年引發熱潮後，「今日烏克蘭，明日台灣」

在二〇二二年廣為流傳絕非偶然，而是必然。

因為中國與俄羅斯、烏克蘭與台灣之間，有許多相似點。

北大西洋公約組織（NATO）等國際組織的援助遲遲未能抵達，俄羅斯的侵略蹂躪烏克蘭全境，這樣的悲劇讓台灣人感受到難以言喻的恐懼。「還好有台灣海峽」，甚至有台灣友人透露出這樣的感想。另一方面，想要接受軍事訓練的民眾也紛紛洽詢當局。

相較於俄軍由烏克蘭國境的北、東、南方侵入，台灣與中國之間有台灣海峽這道寬一百三十公里的天然屏障。假使中國企圖侵略，其作戰難度顯然也遠高於俄羅斯。

但這次先透過網路戰與導彈攻擊等方式，瞬間癱瘓軍事設施與政府功能，而後再由正規軍進攻的作戰模式，基本上與現在各方面討論的，中國人民解放軍侵略台灣的劇本大同小異。

烏克蘭的人口約為四千萬人，而台灣則約兩千三百萬人。雖然烏克蘭的國土面積遠比台灣大得多，但就透過大規模軍事作戰，短時間癱瘓擁有一定人口與軍備的攻擊目標這層意義來看，俄羅斯對烏克蘭的入侵，今後確實將作為中國侵略台灣的範本而被視為研究材料吧！

重要的是，中俄兩國正當化攻擊的邏輯相當類似。如果只聽普丁（Vladimir Putin）的演說與發言，俄羅斯與烏克蘭有著歷史上的一體性，俄羅斯人和烏克蘭人之間具有特殊關係，因此不能容忍烏克蘭被往東方擴大的北大西洋公約組織收編，站在俄羅斯的對立面。

烏克蘭首都基輔周邊曾有一個叫做羅斯的國家，這被俄羅斯視為其國名之起源，因此同屬一國的意識強烈。而在蘇聯時期的聯邦制當中，兩國也曾是一個國家。雖然烏克蘭在一九九一年從俄羅斯獨立，但俄羅斯一直對此感到不滿。

這與本書之前論述過的，中國憲法定義台灣是中國神聖領土，統一台灣是國家目標，台灣人是血脈相連的同胞，「兩岸一家親」等習近平主張在本質上沒有區別。

中國和俄羅斯都以「歷史上有特殊關係」這種在客觀上不可能證明的主觀見解，作為正當化以武力攻擊對方的論據。至於身為當事人的烏克蘭與台灣人民是否同意這樣的見解，他們基本上並不在意。雖然這樣的邏輯沒有獲得全世界認可，卻也無法阻止普丁與習近平認為那是正確的事。

集體安全組織外的台灣

烏克蘭未能加入北大西洋公約組織的集體安全保障組織，成為其必須獨力應付俄羅斯攻擊的最大原因，而台灣也缺乏具有同盟關係的友好國，就這點來看兩者具備相同的脆弱性。美國雖然有《台灣關係法》，但即使規定供給台灣武器，卻沒有明確表示美軍會在台灣發生安全危機時介入。

雖然在一九九六年的台海危機時，美軍派出兩艘航空母艦打了中國一記悶棍，但現在中國的海軍與導彈已經足以阻止美國航母接近，戰略環境與當時相比已經大幅改變，美軍介入的不確定性逐漸提高。或許正因為如此，福山才要求台灣必須擁有自我防衛的決心。

蔡英文總統在俄羅斯開始攻擊烏克蘭之前，就下令加強對台灣周邊軍事動向的監視與警戒，並在政府內部成立特別工作小組。她強烈批評俄羅斯「侵犯烏克蘭主權」，並積極嘗試向全世界說明台灣在這個問題上的立場。台灣每天面對來自中國的壓力，蔡總統這麼做是基於希望與西方（尤其是日、美）步調一致，對「恃強欺弱」的現況明確表達反對的想法。

至於對俄羅斯的經濟制裁，台灣也跟上美國腳步，展現迅速的行動力。台灣擁有強大的半導體製造能力，出口限制具有一定的衝擊性。台灣外交部在聲明中表示，「台灣作為國際社會民主陣營的成員，堅定捍衛民主自由及法治人權的普世核心價值，對俄羅斯不以外交協商的和平方式解決爭議，卻選擇以強凌弱的武力威嚇手段，至表遺憾。」

這段聲明中的俄羅斯可以替換為中國，如此一來就能解讀為要求中國不要以「和平方式」之外的方法對台灣施加壓力。台灣在批判俄羅斯的同時，也牽制著中國。

蔡英文政府不否認烏克蘭與台灣的類同性，同時也為了避免成為「明日的烏克蘭」而採取行動。本身支持民進黨色彩強烈的報紙《自由時報》旗下的英文報紙《Taipei Times》，在二月二十三日的社論中指出，烏克蘭與台灣之間有驚人的共同點，並呼籲：「考慮到北京可能模仿俄羅斯的戰略與戰術紀錄，在台灣海峽情勢方面，必須密切關注烏克蘭情勢與西方社會的反應。」

帶來話題的烏克蘭電影

中國也採取了行動。美軍從阿富汗撤退時，台灣親中派媒體積極傳播這樣的訊息：「不能指望美國作為後盾，台灣總有一天會像阿富汗一樣被拋棄。」希望藉此撼動蔡英文政府。

他們藉著這次的烏克蘭問題散播「美國及西方國家不會在關鍵時刻提供幫助」的論調，被視為是為了二〇二二年十一月的縣市長選舉、二〇二四年一月台灣總統大選所進行的輿論工作及認知作戰。

烏克蘭的情勢，也在香港引起迴響。有一部二〇一五年上映的紀錄片電影《凜冬烈火：烏克蘭自由之戰》（*Winter on Fire: Ukraine's Fight for Freedom*）

引發人們關注，本片曾獲奧斯卡金像獎提名，可在Netflix上觀看。

二〇一三年在烏克蘭發生的，反對親俄政權的公民示威被稱為「廣場革命」（Революція гідност），經過九十天的頑強抗爭，亞努科維奇（Viktor Yanukovych）政府被迫下台。對此發展感受到危機的俄羅斯隨即併吞克里米亞，成為其採取行動介入東部衝突的契機，也是今日烏克蘭危機的起點。

在這部電影中可以不斷地看到與台灣的太陽花學運、香港的雨傘運動類似的場景。

據說在二〇一九年的香港大規模遊行活動中，人們投入地看著這部電影。他們將受到烏克蘭政府警察與特種部隊強力鎮壓的民眾，與致力與警察抗爭的自己之處境重疊在一起。參加遊行的年青人，彼此談論著「如果香港變得像烏克蘭一樣，就糟了」的感想。

隨著俄羅斯開始對烏克蘭發動攻擊，這部電影再度引起香港和台灣關注，許多人都觀賞過這部作品。

香港國際政治學家沈旭暉表示：「從國際關係角度來看，烏克蘭的獨立與領土受到國際規則保障，但現在發現規則被視為無物，毫無用處。這樣的（烏克蘭）案例，自然會讓我們想起中英聯合聲明以同樣『方式』遭到毀約。」

如何避免「昨日香港，今日烏克蘭，明日台灣」

我們都曾經相信，現在已經是即便大國也不能輕易蹂躪小國的時代。的確，在冷戰之後自由主義國際秩序遍及全球的世界觀中，會這麼想或許是再自然不過的事。然而，烏克蘭問題重新提醒了我們，台灣及香港因中國崛起所承受的壓力，代表著什麼意義。

在香港發生的狀況表明，即使弱小者陳述正確事實，其正確性也會因強大者的執著而被輕易踐踏，這也是烏克蘭正面臨的情況。我們怎麼能斷定這樣的事，不可能在台灣發生？

這只是大吃小嗎？小就只能束手無策嗎？烏克蘭問題所呈現的課題，無疑地與台灣問題連動。而說到「大」與「小」的關係，本書前言所指出的「大中國」

與「小日本」的力量關係，在中國與日本之間也愈來愈明顯。

在這種情況下，無法擺脫崛起的中國這個鄰居的台灣與日本，該何去何從？我們必須面對這個現實問題。台灣與日本（以及香港），將陷入愈來愈相似的處境。在這種情況下，我們除了團結之外別無選擇。

想當然耳，必定也有一些論點認為不應平白無故與中國為敵。有些人置身於西方社會，嘴巴上卻總說與中國也應該好好相處，這些意見不只在日本，在香港與台灣也流傳甚廣。

但這樣的意見，只可建立在中國是個可信賴的鄰居與夥伴的前提上。中國標榜社會主義，卻引進資本主義，仰賴台灣、香港、日本、美國等西方資本幫助經濟發展。我們曾想像著，總有一天，中國也會成為現有國際秩序的一員。

然而在現實世界，中國在達成經濟成長的同時，也更強化其異質性。在承受著軍事、政治壓力的情況下，真的能夠維持經濟上的互惠關係嗎？不只台灣及香港，中國國內的自由派在看到西藏、新疆維吾爾族的處境時，也不得不接受過去的「想像」已然破滅的事實。

二〇一九年的香港遊行時，在隊伍中出現「昨日疆藏，今日香港，明日台灣」的標語。

這句標語到了二〇二二年，變成「今日烏克蘭，明日台灣」。這顯示時代的齒輪，又轉到一個新的，而且不那麼令人愉快的方向。我們都面對同樣的現實，「昨日疆藏、昨日香港、今日烏克蘭、明日台灣、後日日本」。為避免這種情況發生，我們必須加強團結，共同面對中國。

第8章

台灣及香港，礦坑中的金絲雀？

從鵝，變成金絲雀

香港，曾被中國稱為「下金蛋的鵝」。

中國曾是如此重視香港。中國為了改革開放，需要香港這個資本主義的跳板。

然而，現今的香港已經不再是下金蛋的「金鵝」，而是被稱為「金絲雀」了。雖然都有「金」，但意義完全不同。

金絲雀，指的是香港成為「礦坑中的金絲雀」。

礦坑中最可怕的是地底冒出的有毒氣體，所以當礦工進入礦坑時，會帶上裝進鳥籠的金絲雀，因為金絲雀對氣體比人類更敏感。而後，金絲雀也被比喻成早一步察覺危險到來的角色。

從二〇一四年的雨傘運動伊始，就有人提出香港從「金鵝」變成「金絲雀」的觀察。

我看著二〇二〇年《國安法》實施後的香港，多次回想起這件事。

但無論是金鵝還是金絲雀，香港都從二〇一四年開始敲響警鐘。而台灣的太陽花學運也是如此。

或許當時的我們還未曾注意，但現在全世界都知道香港與台灣的年輕人為什麼會高聲疾呼「現在的中國有問題」。

「如何面對中國」，這個問題長久以來被稱為是「二十一世紀最大課題」。多到幾乎數不清的國家，不斷提出這個疑問，而問題的答案正逐漸浮現。

留給我們的選項只有兩個，不是被中國吞噬的「香港化」，就是與中國保持安全距離的「台灣化」。

遺憾的是，我們不得不如此判斷。也有人認為，香港這隻金絲雀已經死亡。中國這個國家，似乎無法成為我們期望的好鄰居。中國很大，具有力量，但他們正以錯誤方式運用自己的強大，而且在不久的將來似乎也沒有修正之可能。

我們在習近平邁入史無前例的第三任任期的二〇二二年，不得不這麼想。

中國的「樣板」

台灣對外的窗口機構，無論使用的名稱是「台灣」還是「中華民國」，中國都不打算承認。在日本的窗口機構所使用的名稱也是「台北駐日經濟文化代表處」。就如同在奧運中稱台灣為「中華台北」一樣，這是全世界竭盡所能配合中國「一個中國」的堅持所採取的措施。

中國的立場是「中華民國」這個國家並不存在，但使用「台灣」又會讓人聯想到台灣獨立，所以也不行，換句話說，中國使出了冷酷的戰略，台灣不能前進也不能後退，除了接受與中國統一之外，沒有別條路可走。

但我們身為外國人，也沒有理由非得百分之百配合中國的統一戰略不可。關於台灣屬於中國領土這點，日本政府的立場是「理解並尊重」，而我身為個人，也知道中國有這樣的想法，且對於中國對台灣所採取的行動，有贊成也有不贊成，只不過無法贊成的情況確實年年增加。

過去支持中國、喜愛中國的人，曾經感受到中國否定帝國主義，也不向經濟優先主義屈服，追求理想社會建設的高度美德。所以，即使中國因大躍進政策失敗、因文化大革命受挫，對中國的失望也從未轉變成絕望。但說老實話，從現在的中國對台灣及香港所採取的政策當中，已經感受不到過去的理想與美德了。

一直以來，香港都被稱為「一國兩制的樣板」。而台灣眼睜睜地目睹了香港的崩壞，更加堅定遠離中國的決心。今後，將是台灣與香港成為「中國樣板」的時代。如果中國對台灣及香港展現具有包容力的「一國兩制」，不啻是讓世界相信中國善意的一帖特效藥。而習近平是否發現他已經花光鄧小平、江澤民、胡錦濤留下的政治資本，又或者他裝作沒有發現呢？

對中包圍網誕生的理由

希望中國重新回顧一下二〇一九年後的這三年來所發生的事。

世界對中國有多麼失望，又是如何試圖遠離中國，與中國保持距離，這三年想必將成為歷史的轉折點而被記錄下來吧？東西冷戰在一九九〇年左右結束後，世界經歷了「冷戰後」時代。這段期間雖然是美國獨霸的單極體系，但卻發生與恐怖主義對峙的戰爭，全球的注意力聚焦在伊斯蘭基本教義派的擴張。

如今，全世界的目光焦點都轉向逐漸有資格與美國爭霸的中國。面對這樣的中國，世界開始放棄「和平崛起」的期望，並在各方面建立「對中包圍網」。包括「澳英美三方安全夥伴關係」（AUKUS）、「美日印澳四方安全對話」（Quad），以及英美加澳紐的「五眼聯盟」（Five Eyes）等。武漢大學教授林泉忠稱之為「三四五中國包圍網」。

這些包圍網的形成，意味著美中新冷戰正式展開，並進入了新的階段。這代表一九七二年美國尼克森（Richard M. Nixon）總統訪問中國以來的微溫對中政策宣告結束，也代表日本在同一年日中邦交正常化及對台斷交後開始的日中友好政策之終結。圍繞日美中台的歷史潮流，似乎已經發生重大改變。

中國以他們的邏輯，主張台灣及香港問題的原則，我們知道這當中有中國自身的創傷，也蘊含了他們自己的理念。無論中國政府在中國國內如何論述台灣及香港問題，我們都不打算干涉。但如果我們親眼目睹伴隨著具體行動的鎮壓與威嚇，就無法默不作聲。

台灣人民不希望與中國統一，而維護香港的民主、自由、法治屬於國際公約。

我們必須不斷地對中國表示，身為台灣及香港的朋友與夥伴，對於惡化的情勢不可能袖手旁觀。

當這樣的聲音變大時，對於中國的行動想必也會有一定的抑制作用。當中國這個國家登上成長的巔峰，並開始走下坡時，是否會再度考慮與台灣及香港的共存之道呢？

中國，沒有距離感的鄰居

中文有一句成語叫做「實事求是」，意思是所有的一切如果不從基於事實的實踐出發，就無法獲得正確解答。

這句成語起源於漢代，後來被清朝的考證學引用，成為其基本精神，加上符合馬克思主義的唯物論，因此長年來也被視為中國共產黨指導思想的基本態度，是一句長久以來一直受到重視的成語，毛澤東也經常掛在嘴邊。如果有去過中國並使用過中文的日本人，一定聽過這句成語。

我們懇切地希望習近平國家主席能夠基於「實事求是」精神，重新審視台灣及香港的問題。

自從他在二〇一二年上任成為領導者以來，台灣及香港的情勢就急轉直下，邁向中國所不希望的方向。香港年輕人絕望地走上街頭控訴，台灣人則拒絕與中國打交道。

習近平的領導團隊到底在哪裡出了問題，才導致台灣及香港的情勢惡化呢？到底是什麼地方出了錯？他們所追求的事物，與中國所呈現的事物之間，是否存在著致命的落差呢？

如果探究其原因，想必就自然能夠理解目前世界與中國之間的問題。這不正是原本應該具備的，以「實事求是」為基礎的思考方式嗎？

但中國的「實踐」，卻朝著完全相反的方向發展。

香港已經因《國安法》而完全失去自由。威脅台灣的中國軍機騷擾，幾乎每天都在發生。台灣與香港的民心，愈來愈遠離中國。

中國解釋說，這些看似強硬的行動，都是為了打破「獨立派與美國在港台的陰謀」。但誰都知道這並非問題的本質。問題的本質，就在台灣及香港人民的心中。

被中國視為同胞與中國人的台灣及香港人民，高聲疾呼「我們是台灣人」「我們是香港人」。縱使美國再怎麼善於引導，都不可能輕易操控人們的身分認同感的。

倘若香港與台灣的獨派增加，那也是因為他們不希望與中國混為一談。即便美國進行政治上的操作，只要多數台灣及香港人都覺得「我是中國人」，美國的操作也無法產生作用。

為什麼他們要掙扎著成為台灣人或香港人呢？

為什麼他們不希望成為中國人呢？

只要能夠面對事實，這個問題自然迎刃而解。

中國應該重新找回與鄰居之間的距離感。

台灣及香港，對中國而言並不全然是自己人。中國與台灣及香港之間，存在著只是高唱「中華民族」「中國夢」「兩岸一家親」「中港融合」等政治口號也無法縮短的距離。這與經濟及軍事無關，是心靈層面的問題。

缺乏距離感的他國很可怕，這在人類社會也是一樣。

中國給人的感覺，就像缺乏距離感的強硬鄰居出現在眼前，不只讓台灣、香港，也讓日本及全世界感到恐懼。

必須「學習」的事

中國人在戰後喜歡使用的詞彙除了「實事求是」之外，還有「學習」。文化大革命時，知識分子為了親身了解農民的狀況而下放農村，努力「學習」。

習近平也是文革時期參與下鄉的一員。

台灣與香港都曾一度想與中國拉近關係。台灣發生在二〇〇八年至二〇一六年的馬英九執政期間，而香港則發生在一九九七年回歸後到二〇〇三年反愛國教育遊行期間。雖然當時也存在各種議論，但他們確實試著勾勒出一個與中國並行的未來。

為了推動這一點，中國也展現出大國風範。不管暗地裡有什麼盤算，表面上的善意創造出更多善意的正向循環，確實曾有一段時期存在於台灣及香港。

習近平難道就不能回到那個時代「學習」，重新審視現在的問題點嗎？雖然難以和體制及價值觀都不同的中國成為兄弟或家人，但如果中國能夠當個好鄰居，那是再好不過。然而，只要持續關注從台灣及香港傳來的新聞，這樣的期待就持續遭受背叛，但我卻不想放棄希望。

台灣及香港發生的事情，也可能發生在我們日本人身上。我們都是台灣人，也都是香港人。我們必須重新學習他們的經驗，整理該如何面對中國的討論，耐心指出中國的錯誤，呼籲中國自制與改變。

中國人對於利害關係很敏銳。造成鄰居的恐懼，對中國沒有好處。請找回過去的距離感吧！光靠力量是無法服人的。現在的中國缺乏自省能力，再這樣下去，世界將會愈來愈害怕「香港化」，並愈來愈朝著「台灣化」發展。希望中國重新思考，自己是否真的想要這樣的未來。誰也不會否定中國在經濟成長、社會穩定及科技技術革新方面展現出色的成果，日本的經濟也曾大幅受益。相信中國一定有更好的方法，來發揮這些力量。

本書旨在透過台灣及香港了解中國，而這就是論述完本書所有主題之後，我對中國的一些建議。

【後記】

一個尊重所有人的世界

我在二〇一六年離開了服務二十四年的《朝日新聞》，開始自稱為新聞工作者後，一直都因為頭銜每每被冠上「前朝日新聞」而感到煩惱。

各位讀了本書應該就能知道，我所寫的關於台灣及香港的內容，對中國來說都很刺耳。而另一方面，日本社會也存在著根深柢固的成見，認為對中國採取嚴格立場的，主要是保守派媒體與意見領袖。

於是，常有人跟我說「雖然是《朝日新聞》出身的，卻寫得不錯啊！」，或者「既然你是朝日出來的，為什麼要針對台灣與香港的問題批評中國？」而網路留言中也有人從奇怪的角度稱讚我，譬如「就紅媒來看，算是個正派的記者」「不像《朝日新聞》出來的」等，類似這種令人哭笑不得的事情經常發生。

現在，我已經完全與《朝日新聞》沒有任何關係，頂多就只是個前記者。我想《朝日新聞》有許多所謂的親中報導是事實，但客觀來看，至少從我開始報導台灣與中國相關新聞的二〇〇五年至今，《朝日新聞》的報導真的具有不下於其他報紙的品質與批判性。

《朝日新聞》對於最近香港民主派遭到打壓的報導，自始至終都採取嚴格的角度，而對台灣的報導也相當仔細。如果有所懷疑，不妨驗證看看。另一方面，批評過去的《朝日新聞》過度親中也無所謂，有問題的是與我無關的時代，由無關的人所寫的報導，希望各位可以大張旗鼓批判，不厭其煩地敦促《朝日新聞》反省。

日本媒體中，自由派的《朝日新聞》《每日新聞》與《東京新聞》，以及保守派的《讀賣新聞》與《產經新聞》等之間，對自民黨政府的態度存在著較明確的差異，但在外交政策方面的差異已經變得微乎其微。雖然對於中國、台灣及香港的論點多少有點不同，但批判的強度卻已經變得幾乎沒有差別了。

這麼一想，就不禁令人感嘆這個世界變化很大。無論是日本社會的改變，還是《朝日新聞》的改變，都讓人深深覺得離好鄰居的形象愈來愈遠的，終究是中國本身。

本書不是鼓吹台灣獨立或香港獨立，也不是反過來論述台灣及香港必須完全由中國統治。我也不太會去定位自己在日本的脈絡下是屬於自由派還是保守派，但身為一名新聞工作者，我希望活在個人的自由意志能夠盡量受到尊重的世界。我想，守護著傾聽微小聲音或不同聲音，並傳達出去的自由主義，是我們工作的基本道德。

就這層意義來看，台灣及香港很小，而中國很大，是我的基本認知。中國在面對無論就歷史面還是社會面，都與中國大陸隔絕的環境中生活至今的台灣人及香港人交往時，必須盡可能提出具有包容性及充分尊重其意志的政策。如果中國要為台灣及香港問題找到一個「解方」，我想這將是最短且最快的路線，而這也是我絕不妥協的底線。

我總是覺得在報導外國事務時，必須謹守分寸，長年來我也根據這個原則評論國際情勢，但我不得不說，中國現在的做法已經超越限度。

尤其轉變成習近平體制之後，中國的腳步看似大幅偏離最佳路線。雖然現在台灣及香港可說完全走向不同的方向，但我目前不認為香港這顆「東方之珠」會因為《國安法》而再也無法閃耀，也不斷定反對台灣人民意志的武力統一必定會發生。我們今後也會繼續監視中國在台灣及香港問題上所採取的行動。

關於台灣及香港的共同點，我在二〇一九年出版的合著書籍《香港危機的深層》〈香港危機の深層〉中曾有所論述。關於香港整體的問題，可以詳見二〇二〇年的拙作《香港是什麼》。至於台灣整體的問題，則在二〇一六年的拙作《台灣十年大變局》中討論過。這些作品都是本書之基礎，如果閱讀本書之後還想要更進一步了解，歡迎參考。

二〇二〇年，我在東京都內舉辦了一場小型演講，主題是試圖透過台灣及香港理解中國，出版社平凡社的平井瑛子女士聽了我的演講後，向我提議「我們來出書吧」，於是本書才得以問世。

當我開始以出書為目標後，原本像星雲般發散的構想逐漸凝聚成具體的形式，運筆也更加順暢。前面提到的平井女士隨時給我適切的鼓勵與建議，讓我再次感受到編輯的專業。我對平井女士深表感謝。

這本書也參考許多前人優秀的研究與著作才得以完成。最後，我想要向從過去至今，一直不厭其煩地提供寶貴資訊與知識的台灣、香港及中國的協助者，送上謝意及鼓勵。

【附錄】

二〇二一年歷史決議中，記載的台港問題

中國共產黨在二〇二一年十一月的第十九屆中央委員會第六次全體會議（六中全會）上，通過一份為黨創建一百年而進行總結的「歷史決議」。歷史決議是總結中國過去的政治路線與思想，並提出今後方針的重要決議。這是繼一九四五年在毛澤東領導下頒布的《關於若干歷史問題的決議》，以及一九八一年鄧小平整理的《關於建國以來黨的若干歷史問題的決議》之後的第三份決議，因此也被稱為《第三個歷史決議》。

歷史決議原本是為了黨的重要方針轉換所製作的文件，但現階段並沒有什

麼特別的方針轉換。因此一般認為習近平企圖透過這份決議，確保打破慣例就任第三屆總書記的路線，顯示自己的威權與毛澤東、鄧小平相當。

正式的文件標題是《中共中央關於黨的百年奮鬥重大成就和歷史經驗的決議》。其內容將建黨以來的一百年視為「成功的歷史」，並展望自身的「新時代」，中文字數約為三萬六千字。

歷史決議全文分成七個部分，雖然採取回顧過去一百年的形式，但決議強烈展現出在習近平體制之下走向今後一百年的調性，這點無論如何都讓人留下深刻印象。

其內容涉及許多領域，實際閱讀後發現，其中有非常多可套用在台灣及香港問題的部分。本書接下來將節錄出這些部分並加以解說。視為特別重要的部分也加上旁線，並以旁線的部分為中心，透過作者的觀點說明中國想透過這份歷史決議，傳達什麼訊息給台灣及香港，對台灣及香港又採取什麼樣的立場。

【原文】

「中國共產黨自一九二一年成立以來，始終把為中國人民謀幸福、為中華民族謀復興作為自己的初心使命，始終堅持共產主義理想和社會主義信念，團結帶領全國各族人民為爭取民族獨立、人民解放和實現國家富強、人民幸福而不懈奮鬥，已經走過一百年光輝歷程。」（節錄自「序言」）

〔作者解說〕

根據其理論，儘管走過一百年奮鬥的光輝歷程，台灣人民依然生活在尚未解放的土地上，是必須爭取解放的對象。這也是中國人民解放軍之所以被稱為「解放軍」的原因。

【原文】

「中華民族是世界上古老而偉大的民族，創造了綿延五千多年的燦爛文明，為人類文明進步作出了不可磨滅的貢獻。一八四〇年鴉片戰爭以後，由於西方列強入侵和封建統治腐敗，中國逐步成為半殖民地半封建社會，國家蒙辱、人民蒙難、文明蒙塵，中華民族遭受了前所未有的劫難。」（節錄自「一、奪取新民主主義革命偉大勝利」）

〔作者解說〕

自鴉片戰爭以來，中國持續遭受屈辱與苦難。在這個敘事當中，深深植入了中國共產黨將中國人民從這種狀態中解救出來的神話，雖然寫的是半殖民地，但實際上成為殖民地的香港、澳門和台灣，就成了這個救國神話的具體對象。

【原文】

「黨深刻認識到，近代中國社會主要矛盾是帝國主義和中華民族的矛盾、封建主義和人民大眾的矛盾。實現中華民族偉大復興，必須進行反帝反封建鬥爭。」（同前）

〔作者解說〕

這段話中浮現出以下的認知。英國統治過的香港、日本統治過的台灣成為帝國主義的尖兵，正因為這些地方還保留所謂的英國精神與日本精神，所以是帝國主義及封建主義的殘渣，也是中國共產黨所理解的矛盾。中國人之所以對香港人歐美化的行為舉止，與台灣人對日本時代的鄉愁表現出強烈反感，理由也在於此。

【原文】

「黨在國民黨統治下的白區也發展了黨和其他革命組織，開展了群眾革命鬥爭。然而，由於王明左傾教條主義在黨內的錯誤領導，中央革命根據地第五次反『圍剿』失敗，紅軍不得不進行戰略轉移，經過艱苦卓絕的長征轉戰到陝北。左傾路線的錯誤給革命根據地和白區革命力量造成極大損失。」（同前）

〔作者解說〕

被解放的地區稱為「紅區」。「紅旗」原本就被視為共產主義的象徵，共產化則被稱為「赤化」，日本也曾以「赤」等蔑稱來稱呼共產主義者。根據這個理論，在國民黨專制體制下，一九八〇年代末期之前由蔣介石、蔣經國父子統治的台灣就是「白區」。但由於國民黨在台灣已經淪落為在野黨，所以現在應該不能再稱為「白區」了吧？

【原文】

「領導八路軍、新四軍、東北抗日聯軍和其他人民抗日武裝英勇作戰，成為全民族抗戰的中流砥柱，直到取得中國人民抗日戰爭最後勝利。這是近代以來中國人民反抗外敵入侵第一次取得完全勝利的民族解放鬥爭，也是世界反法西斯戰爭勝利的重要組成部分。解放戰爭時期，面對國民黨反動派悍然發動的全面內戰，黨領導廣大軍民逐步由積極防禦轉向戰略進攻。」（同前）

【作者解說】

在中國共產黨的史觀當中，至中日戰爭（抗日戰爭）為止是「反法西斯戰爭」，而在一九四五年取得勝利後，展開的則是同民族之間的「解放戰爭」。如同前述，解放戰爭的對象是國民黨支配的地區，在台灣尚未完成統一的情況下，解放戰爭至今依然持續。

【原文】

（隨著中華人民共和國建國）「實現民族獨立、人民解放，徹底結束了舊中國半殖民地半封建社會的歷史，徹底結束了極少數剝削者統治廣大勞動人民的歷史，徹底結束了舊中國一盤散沙的局面，徹底廢除了列強強加給中國的不平等條約和帝國主義在中國的一切特權，實現了中國從幾千年封建專制政治向人民民主的偉大飛躍，也極大改變了世界政治格局，鼓舞了全世界被壓迫民族和被壓迫人民爭取解放的鬥爭。」（同前）

〔作者解說〕

嚴格來說，只要香港、澳門、台灣存在，「徹底結束一盤散沙的狀態」就不會是中國建國之時，而且今日也依然如此，但關於這方面看似被隨便總結起來。關於香港，因鴉片戰爭而將香港割讓給英國的《南京條約》，以及因英法聯軍之役而將九龍半島割讓給英國的《北京條約》等「不平等條約」，在一九九七年香港主權移交後畫下休止符。至於台灣，在日本接受《波茲坦宣言》（*Potsdam Declaration*）承諾放棄台灣主權時，因甲午戰爭的結果而確定將台灣割讓的《馬關條約》這條「不平等條約」也遭到廢除。

【原文】

「實踐充分說明，歷史和人民選擇了中國共產黨，沒有中國共產黨領導，民族獨立、人民解放是不可能實現的。中國共產黨和中國人民以英勇頑強的奮鬥向世界莊嚴宣告，中國人民從此站起來了，中華民族任人宰割、飽受欺淩的時代一去不復返了，中國發展從此開啟了新紀元。」（同前）

〔作者解說〕

本段是「神話」的後半部，也是中國共產黨統治正統性的最大依據。實際上，正面迎戰日本軍的不是共產黨，而是國民黨，這點眾所皆知。當然共產黨也參與了戰鬥，但從旁支援的色彩較強烈。抗日戰爭的主體到底是誰，至今在共產黨與國民黨之間仍存在著根深柢固的爭論，但共產黨並非抗日戰爭的主體，對於熟知歷史的人而言已是常識。只不過，在中國的官方場合是否能夠光明正大地說出這件事，則是另一個層次的問題。

【原文】

「審時度勢調整外交戰略，推動恢復我國在聯合國的一切合法權利，打開對外工作新局面，推動形成國際社會堅持一個中國原則的格局。黨提出畫分三個世界的戰略，做出中國永遠不稱霸的莊嚴承諾，贏得國際社會特別是廣大發展中國家尊重和讚譽。」（節錄自「二、完成社會主義革命和推進社會主義建設」）

〔作者解說〕

中國在與各國進行邦交正常化的談判時，將「一個中國」視為原則問題，嚴格要求對方接受。但在實際的交涉當中，基於雙方的實力關係，仍保留一定程度的灰色地帶與解釋空間。

東京外國語大學的小笠原欣幸教授表示，中國所謂的「一個中國」原則屬於三段論法，即①世界上只有一個中國，②台灣是中國不可分割的一部分，③中華人民共和國是代表中國的唯一合法政府。

其中的①和③沒有太大的問題，日本和美國都承認③，但關於①和②，美國只停留在認知（acknowledge）的程度，換句話說就是理解中國有這樣的主張，而日本則在日中邦交正常化時對於②表示理解並尊重。這是非常複雜的領域，也可說是外交的藝術，但可以確定的是，日美都花心思為能夠保障台灣安全留下空間。台灣到底是不是「中國不可分割的一部分」，在國際法上也留有討論的餘地，並成為台灣獨立論的其中一項依據。

【原文】

「遺憾的是，黨的八大形成的正確路線未能完全堅持下去，先後出現大躍進運動、人民公社化運動等錯誤，反右派鬥爭也被嚴重擴大化。面對當時嚴峻複雜的外部環境，黨極為關注社會主義政權鞏固，為此進行了多方面努力。然而，毛澤東同志在關於社會主義社會階級鬥爭的理論和實踐上的錯誤發展得愈來愈嚴重，黨中央未能及時糾正這些錯誤。

毛澤東同志對當時我國階級形勢以及黨和國家政治狀況做出完全錯誤的估計，發動和領導了文化大革命，林彪、江青兩個反革命集團利用毛澤東同志的錯誤，進行了大量禍國殃民的罪惡活動，釀成十年內亂，使黨、國家、人民遭到新中國成立以來最嚴重的挫折和損失，教訓極其慘痛。一九七六年十月，中央政治局執行黨和人民的意志，毅然粉碎了『四人幫』，結束了文化大革命這場災難。」（同前）

〔作者解說〕

一九五〇年代的大躍進政策與一九六〇年代的文革期間，台灣曾有機會對混亂的中國發動「反攻大陸」。但只靠來自台灣的登陸部隊，不可能有足夠的軍事能力終結中國共產黨的統治，因此實現反攻大陸不可缺少中國內部的呼應。就這層意義來看，中國社會局勢的不穩定，對蔣介石而言正是天賜良機，但最終因為美國的反對而無法付諸實行。

【原文】

「黨堅決推進經濟體制改革，同時進行政治、文化、社會等各領域體制改革，推進黨的建設制度改革，不斷形成和發展符合當代中國國情、充滿生機活力的體制機制。黨把對外開放確立為基本國策，從興辦深圳等經濟特區、開發開放浦東、推動沿海沿邊沿江沿線和內陸中心城市對外開放到加入世界貿易組織，從『引進來』到『走出去』，充分利用國際國內兩個市場、兩種資源。經過持續推進改革開放，我國實現了從高度集中的計畫經濟體制到充滿活力的社會主義市場經濟體制、從封閉半封閉到全方位開放的歷史性轉變。」（節錄自「三、進行改革開放和社會主義現代化建設」）

〔作者解說〕

在改革開放初期，尤其是一九八〇年代，支撐中國經濟建設的是香港。自一九八四年的《中英聯合聲明》確定香港的主權移交後，香港的人才與資金就迅速流入中國。當時改革開放才剛開始，香港讓中國人聯想到「桃花源」，是個令人嚮往的地方。

台灣企業進入中國的時間點，是比香港稍晚的一九九〇年代之後。兩者都具有語言上的相似性，中國政府也給台灣及香港的資本特殊待遇，因此進軍中國市場的難度遠比其他外資更低。

這段時期的中國，強烈展現出試圖貫徹「改革開放」的態度，就現在的眼光來看，對於民主化問題的姿態也相對柔軟，因此台灣及香港人民的對中情感普遍來說也不壞，是對於中國的變化期待最大的時期。

【原文】

「二十世紀八十年代末九十年代初，蘇聯解體、東歐劇變。由於國際上反共反社會主義的敵對勢力的支持和煽動，國際大氣候和國內小氣候導致一九八九年春夏之交我國發生嚴重政治風波。黨和政府依靠人民，旗幟鮮明反對動亂，捍衛了社會主義國家政權，維護了人民根本利益。」(同前)

〔作者解說〕

這裡所說的就是天安門事件，中國稱為「六四風波」。對民主化運動的支援之聲在香港蔓延。這樣的行動被稱為「愛國民主」，這是置身於歐美系統與中華民族之間的香港人所想出來的，最合理的政治立場，正因為愛國，所以期待中國的民主化。香港長期以來都有「向奏城獻愛心」的運動，奏城是收容政治犯等的北京監獄，而這個運動就展現出香港人期望中國民主化的心理。台灣也受到天安門事件影響，在隔年爆發「野百合學生運動」，當時的台灣總統李登輝先生巧妙地將學生的要求轉化為黨內民主化的能量，透過支持年輕人的政治操作，以正向方式吸收了運動的力量。

【原文】

「黨把完成祖國統一大業作為歷史重任，為此進行不懈努力。鄧小平同志創造性提出『一個國家，兩種制度』科學構想，開闢了以和平方式實現祖國統一的新途徑。經過艱巨工作和鬥爭，我國政府相繼對香港、澳門恢復行使主權，洗雪了中華民族百年恥辱。香港、澳門回歸祖國後，中央政府嚴格按照憲法和特別行政區基本法辦事，保持香港、澳門長期繁榮穩定。」（同前）

〔作者解說〕

一九七〇年代末期，鄧小平將原本以武力解放為主軸的台灣政策，大幅轉變為以「和平統一」為主軸，而其餘波也擴及香港和澳門。因為原本為了台灣問題所構思出來的一國兩制，也能夠套用在港澳。這是「祖國統一」的歷史轉折點，儘管中國並未放棄以武力解放台灣的選項，卻開始將和平統一作為主要行動方針。

此一決定所帶來的效果，讓中國共產黨從必須立刻實行「解放台灣」這個歷史任務的壓力中解放，獲得優先建設國內經濟的時間餘裕。此外，也有助中國在國際上建立非暴力及友好的形象。

這麼做一方面讓台灣賺得邁向民主化的時間，另一方面也讓中國有時間追上在經濟方面領先的台灣。當台灣在經濟上失去對中國的優勢時，中國的和平統一工作也變得更加容易，馬英九執政時期的中台關係確實比較緊密。但從另一個角度來說，台灣也因為民主化，而朝向台灣人是台灣的主人的「本土化」邁進，反對與中國統一的輿論成為主流。

再怎麼優秀的領導人，也不可能洞見未來的一切。無論是中國的經濟有如此之大的成長，還是台灣的「本土化」，其所呈現的發展都大幅超出當時領導人的預期，而其出發點之一，就是這裡所記述的，邁向「和平統一」的政策轉換。

【原文】

「黨把握解決台灣問題大局，確立『和平統一、一國兩制』基本方針，推動兩岸雙方達成體現一個中國原則（彼此承認這點）的『九二共識』，推進兩岸協商談判，實現全面直接雙向『三通』，開啟兩岸政黨交流。制定反分裂國家法，堅決遏制台獨勢力、促進祖國統一，有力挫敗各種製造『兩個中國』『一中一台』『台灣獨立』的圖謀。」（同前）

〈作者解說〉

「兩個中國」指的是過去美國等國家在台灣退出聯合國時，雖然同意將中華人民共和國列為常任理事國，但台灣（中華民國）仍沒有退出，國際社會曾有一段時期考慮過中華人民共和國與中華民國並存的狀況，並試探台灣方面的態度。

另一方面，「一中一台」和「台灣獨立」幾乎是同義詞，指的是台灣放棄中華民國這個「中國國家」的形式，這是中國最忌諱的狀況，成為中國在目前台灣問題上的「主要敵人」。

中國原本就對「兩個中國」懷著強烈的警戒感。因為這關係到中國這個國家，到底是不是由中華人民共和國從中華民國繼承而來的問題。

而「九二共識」建立在彼此都事實上承認對方是中國的前提上，根據「九二共識」，台灣是「中華民國」對中國來說已經成為次佳的情況。因此就某種意義上來看，也可視為民進黨在台灣崛起，逼得中國後退一步，做出妥協。

【原文】

「香港、澳門回歸祖國後，重新納入國家治理體系，走上了同祖國內地優勢互補、共同發展的寬廣道路，『一國兩制』實踐取得舉世公認的成功。同時，一個時期，受各種內外複雜因素影響，『反中亂港』活動猖獗，香港局勢一度出現嚴峻局面。」（節錄自「（十二）在堅持『一國兩制』和推進祖國統一上」）

〔作者解說〕

明確指出「出現嚴峻局面」，代表黨中央一致認為對中國來說，二〇一九年香港局勢是與天安門事件相提並論的，危及國家存亡的嚴重事態。

將香港的民主運動定義為「反中亂港」，類似於將天安門事件定位為「反革命暴動」。民運人士不一定否定共產黨的統治體制，而是主張為了追求更美好的香港，以自己的方式摸索愛國與民主的平衡點，但這些微妙的想法，卻因維持體制的目的而被全盤否定。

【原文】

「黨中央強調，必須全面準確、堅定不移貫徹『一國兩制』方針，堅持和完善『一國兩制』制度體系，堅持依法治港治澳，維護憲法和基本法確定的特別行政區憲制秩序，落實中央對特別行政區全面管治權，堅定落實『愛國者治港』『愛國者治澳』。」（同前）

〔作者解說〕

「愛國者治港」與「中央全面管治權」，展現了習近平時代新一國兩制的關鍵句。不用說，所謂的愛國者等同於對黨中央及中央政府擁有無可撼動的忠誠，至於全面管治權，則代表最終的判斷權限完全掌握在北京手上。

【原文】

「黨中央審時度勢，做出健全中央依照憲法和基本法對特別行政區行使全面管治權、完善特別行政區同憲法和基本法實施相關制度機制的重大決策，推動建立健全特別行政區維護國家安全的法律制度和執行機制、制定《中華人民共和國香港特別行政區維護國家安全法》、完善香港特別行政區選舉制度。」（同前）

〔作者解說〕

二〇二〇年六月三十日實施的維護《國安法》與香港選舉制度的改變，基本上是為了剝奪香港民主派的生存空間。其結果造成一直以來都居於民主派核心的民主黨、公民黨等政黨，在二〇二一年的香港立法會選舉中放棄提名候選人。選舉中雖然有「自稱民主派」的候選人，但這些背景不明，甚至可稱為「偽民主」的人相當引人注意，被視為是為了營造在數量上競爭的假象才獲得提名。這樣的形式讓人聯想到，為建立共產黨吸收眾多意見的形式，中國也長年存在多個親共產黨的政黨，負責扮演充數角色。

【原文】

「落實『愛國者治港』原則，支持特別行政區完善公職人員宣誓制度。中央人民政府依法設立駐香港特別行政區維護國家安全公署，香港特別行政區依法設立維護國家安全委員會。中央堅定支持香港特別行政區依法止暴制亂、恢復秩序，支持行政長官和特別行政區政府依法施政。

堅決防範和遏制外部勢力干預港澳事務，嚴厲打擊分裂、顛覆、滲透、破壞活動。全面支持香港、澳門更好融入國家發展大局，高質量建設粵港澳大灣區，支持港澳發展經濟、改善民生，增強港澳同胞國家意識和愛國精神。這一系列標本兼治的舉措，推動香港局勢實現由亂到治的重大轉折，為推進依法治港治澳、促進『一國兩制』實踐行穩致遠打下了堅實基礎。」（同前）

〔作者解說〕

鄧小平在香港主權移交前也曾說過「愛國者治港」，但當初主張的是由香港人自己治理香港的「港人治港」，至於愛國者治港則很少被提及。因為這可能會發展成民主派到底是不是愛國者的嚴重爭議。但現在民主派已經被官方定調為非愛國者，因此愛國者治港就浮上檯面。

描述香港問題的篇幅之大，可說是本次習近平歷史決議的一項特徵。代表正當化這個問題有如此之高的必要性。其篇幅遠超過對新疆及西藏等的相關描述，顯示對共產黨而言，香港情勢是帶來重大衝擊的政治危機。

【原文】

「解決台灣問題、實現祖國完全統一，是黨矢志不渝的歷史任務，是全體中華兒女的共同願望，是實現中華民族偉大復興的必然要求。黨把握兩岸關係時代變化，豐富和發展國家統一理論和對台方針政策，推動兩岸關係朝著正確方向發展。」（同前）

〔作者解說〕

解決台灣問題是「黨矢志不渝的歷史任務」，到此為止是過去一直以來使用的表現，但加上「中華民族偉大復興」這點，就清楚展現出習近平色彩。但實際上，自習近平政權上任以來，台灣情勢就完全沒有進展。不僅如此，還發生二〇一四年的太陽花學運、二〇一六年國民黨敗選使民進黨重返執政、二〇二〇年民進黨取得歷史性的大勝等，完全沒有任何值得誇耀的功績，這是無法否定的事實。

【原文】

「習近平同志就對台工作提出一系列重要理念、重大政策主張，形成新時代黨解決台灣問題的總體方略。我們推動實現一九四九年以來兩岸領導人首次會晤、兩岸領導人直接對話溝通。黨秉持『兩岸一家親』理念，推動兩岸關係和平發展，出台一系列惠及廣大台胞的政策，加強兩岸經濟文化交流合作。」（同前）

〔作者解說〕

二〇一五年在新加坡舉行的馬習會，就是這裡所說的「兩岸領導人直接對話」，但這是國民黨政權的高層在敗北前的匆忙之舉，政治意義與二〇〇五年胡錦濤時代的國共領導人歷史性會談相比也顯得薄弱。後來民進黨政府上任，與台灣之間的「兩岸一家親」及「兩岸經濟文化交流」，也幾乎沒有進展。

【原文】

「二〇一六年以來，台灣當局加緊進行『台獨』分裂活動，致使兩岸關係和平發展勢頭受到嚴重衝擊。我們堅持一個中國原則和『九二共識』，堅決反對『台獨』分裂行徑，堅決反對外部勢力干涉，牢牢把握兩岸關係主導權和主動權。祖國完全統一的時和勢始終在我們這一邊。

實踐證明，有中國共產黨的堅強領導，有偉大祖國的堅強支撐，有全國各族人民包括香港特別行政區同胞、澳門特別行政區同胞和台灣同胞的同心協力，香港、澳門長期繁榮穩定一定能夠保持，祖國完全統一一定能夠實現。」（同前）

〔作者解說〕

台灣當局的「台獨分裂活動」，就現狀來看基本上不存在，蔡英文政府有意去盡量壓抑這些可能被理解為台獨傾向的行動，並因此而贏得美國、日本等友好國家的信任。所謂「致使兩岸關係和平發展勢頭受到嚴重衝擊」的不是台灣當局，反倒是對中國的抗拒感與日俱增的台灣人民，中國儘管知道這點，還是不得不將攻擊對象替換成台灣當局，這正是其困難之處。

【原文】

「黨的百年奮鬥從根本上改變了中國人民的前途命運。近代以後，中國人民深受三座大山壓迫，被西方列強辱為『東亞病夫』。一百年來，黨領導人民經過波瀾壯闊的偉大鬥爭，中國人民徹底擺脫了被欺負、被壓迫、被奴役的命運，成為國家、社會和自己命運的主人。」（節錄自「五、中國共產黨百年奮鬥的歷史意義（一）」）

〔作者解說〕

「東亞病夫」一詞因李小龍的電影而聞名。雖然無法確定是誰最早開始使用這個詞，但自從清朝在甲午戰爭中輸給日本後，中國的知識分子就開始頻繁使用，孫文等人也頗愛用，因此變得膾炙人口。中國經常會使用將國家比喻為病人的論述，以激發民族主義的情緒。就共產黨的邏輯來看，治癒這樣的病體，培養成凌駕世界的強國，是自己的功績，「病夫」重生的復興故事成為值得傳誦下去的美談。這與站在勝者觀點，將江戶幕府遭明治維新推翻，歸咎於其無能與怠惰的解釋在日本流傳，是共通的。

【原文】

「堅持胸懷天下。大道之行，天下為公。黨始終以世界眼光關注人類前途命運，從人類發展大潮流、世界變化大格局、中國發展大歷史正確認識和處理同外部世界的關係，堅持開放、不搞封閉，堅持互利共贏、不搞零和博弈，堅持主持公道、伸張正義，站在歷史正確的一邊，站在人類進步的一邊。只要我們堅持和平發展道路，既通過維護世界和平發展自己，又通過自身發展維護世界和平，同世界上一切進步力量攜手前進，不依附別人，不掠奪別人，永遠不稱霸，就一定能夠不斷為人類文明進步貢獻智慧和力量，同世界各國人民一道，推動歷史車輪向著光明的前途前進。」（節錄自「六、中國共產黨百年奮鬥的歷史

相關年表

根據《詳說　世界史圖錄》（詳說　世界史図録）《詳說　日本史圖錄》（詳說　日本史図録）等書製作。

西元（年）	中國主要事件	香港的主要事件	台灣的主要事件	日本的主要事件
一八四〇	鴉片戰爭（～一八四二年）			
一八四一		英軍占領香港島		天保改革（～一八四三年）
一八四二	《南京條約》	割讓給英國		
一八五一	太平天國之亂（～一八六四年）			
一八五三				培里艦隊來到浦賀
一八五六	英法聯軍之役（～一八六〇年）			

西元（年）	中國主要事件	香港的主要事件	台灣的主要事件	日本的主要事件
一八五八	《天津條約》			簽訂《日美修好通商條約》
一八六〇	《北京條約》	九龍半島也割讓給英國		
一八六五		在香港創設上海銀行		
一八六八				明治維新
一八七四	慈禧太后攝政		日本軍出兵台灣南部	出兵台灣
一八八四	清法戰爭（～一八八五年）			
一八八七	澳門成為葡萄牙領土			
一八八九				大日本帝國憲法發布
一八九四	甲午戰爭（～一八九五年）			甲午戰爭（～一八九五年）
一八九五			台灣割讓給日本（馬關條約）	《馬關條約》
一八九八	德國租借膠州灣、俄羅斯租借旅順及大連	英國租借新界地區九十九年		
一八九九	法國租借廣州灣			
一九〇〇	義和團事件			

一九〇四				日俄戰爭（～一九〇五年）
一九一〇				合併韓國
一九一一	辛亥革命			
一九一二	中華民國成立			
一九一九	中國國民黨創立			
一九二一	中國共產黨創立			華盛頓會議（～一九二二年）
一九二三				關東大地震
一九二四	國共合作			
一九二五				制定《治安維持法》
一九二七	南京國民政府成立		台灣民眾黨創立	
一九二八				張作霖暗殺事件
一九三一				滿州事變（柳條湖事件）
一九三二	上海事變			滿州國建國
一九三五		港幣成為法定貨幣		
一九三六	西安事變			二二六事件

西元（年）	中國主要事件	香港的主要事件	台灣的主要事件	日本的主要事件
一九三七	日中戰爭			盧溝橋事變 日中戰爭
一九三八				頒布《國家總動員法》
一九三九				諾門罕事件
一九四〇				日德義三國同盟
一九四一		日軍占領（～一九四五年）	台灣人在重慶市成立台灣革命同盟會	珍珠港事變
一九四二				中途島海戰
一九四三	《開羅宣言》			
一九四四			成立台灣調查委員會	
一九四五		再度回歸英國統治	國民政府從日本手上接收台灣	三月，東京大空襲 四月，美軍登陸沖繩本島 八月六日廣島，八月九日長崎遭受原子彈攻擊 八月十五日，接受《波茨坦宣言》

一九四六	國共內戰開始		吉田茂內閣成立
一九四七		二二八事件	
一九四八	蔣介石就任總統		
一九四九	十月，中華人民共和國成立（毛澤東主席、周恩來總理）	蔣介石率領國民政府撤退到台灣	
一九五〇		蔣介石復職總統	
一九五一			《舊金山和平條約》 《日美安保條約》
一九五二		《日華和平條約》	《日華和平條約》
一九五三	第一次五年計畫		
一九五四	周恩來、尼赫魯會談 頒布《中華人民共和國憲法》	與美國簽訂《中美共同防禦條約》	三月，第五福龍丸事件 十二月，鳩山一郎內閣成立
一九五五	金門島地區砲擊戰		
一九五六	毛澤東「百花齊放、百家爭鳴」演說		十二月，石橋湛山內閣成立 十二月，加入聯合國
一九五七			岸信介內閣成立

西元（年）	中國主要事件	香港的主要事件	台灣的主要事件	日本的主要事件
一九五八	第二次五年計畫 人民公社設立			
一九五九	劉少奇當選主席（～一九六八年）			
一九六〇				安保鬥爭 七月，池田勇人內閣成立
一九六二	中蘇對立			
一九六四			與法國斷交	東海道新幹線開通 十月，舉辦東京奧運 十一月，佐藤榮作內閣成立
一九六五	西藏自治區成立			
一九六六	文化大革命			
一九六九	毛澤東、林彪體制開始			
一九七〇				舉辦大阪萬國博覽會
一九七一	林彪政變失敗 聯合國承認代表權，將中華民國趕出聯合國			

一九七二	周恩來總理與美國尼克森總統會談		與日本斷交	五月，沖繩回歸日本 七月，田中角榮內閣成立
一九七四				三木武夫內閣成立
一九七五	美國福特總統訪中		蔣介石去世 繼任者為嚴家淦	
一九七六	第一次天安門事件 毛澤東主席去世 華國鋒就任主席			福田赳夫內閣成立
一九七七	《文化大革命結束宣言》			
一九七八	新憲法公布 《日中和平友好條約》		蔣經國就任總統	日中和平友好條約 十二月，大平正芳內閣成立
一九八〇	趙紫陽就任首相			鈴木善幸內閣成立
一九八一	鄧小平、胡耀邦體制確立			
一九八二	胡耀邦就任中國共產黨總書記			中曾根康弘內閣成立
一九八三	李先念就任中華人民共和國主席	引入港幣和美元掛鉤制度		

西元（年）	中國主要事件	香港的主要事件	台灣的主要事件	日本的主要事件
一九八四	美國總統雷根訪中 宣布香港主權移交的《中英聯合聲明》正式簽署	《中英聯合聲明》確定香港主權移交		
一九八七	胡耀邦被解職 與葡萄牙就澳門主權移交達成共識 趙紫陽就任總書記，李鵬就任代理總理			竹下登內閣成立
一九八八			蔣經國總統去世，由副總統李登輝代理總統	
一九八九	西藏自治區發生叛亂 因西藏要求獨立的叛亂，而在拉薩實行戒嚴令 蘇聯領導人戈巴契夫訪中 天安門事件	百萬人遊行抗議天安門事件		一月，昭和天皇駕崩，改年號為平成 六月，宇野宗佑內閣成立 八月，海部俊樹內閣成立
一九九〇		制定《香港特別行政區基本法》		

一九九一			決議廢止中國敵國條款	宮澤喜一內閣成立
一九九二	中韓建交			四月，江澤民總書記訪日 十月，天皇訪中
一九九三	江澤民兼任黨總書記、國家主席、中央軍委主席			細川護熙內閣成立
一九九四		中國銀行香港分行發行港幣		四月，羽田孜內閣成立 六月，村山富市內閣成立
一九九五	辜汪會談			阪神淡路大地震
一九九六	在台灣海峽發射飛彈，台海危機		台灣第一屆總統直選，由李登輝當選	橋本龍太郎內閣成立
一九九七	鄧小平去世 七月，香港主權移交	七月，香港主權移交中國，展開一國兩制		
一九九八	美國總統柯林頓訪中			七月，小淵惠三內閣成立 十月，日韓首腦會談
一九九九	澳門主權移交			
二〇〇〇			陳水扁當選總統	森喜朗內閣成立
二〇〇一				小泉純一郎內閣成立

西元（年）	中國主要事件	香港的主要事件	台灣的主要事件	日本的主要事件
二〇〇二	胡錦濤體制成立		正式加入WTO	日韓共同舉辦世界盃足球賽 十月，遭北韓綁架的受害者回國
二〇〇三		五十萬人遊行反對國家安全法 開放從中國到香港的自由行		日韓首腦會談
二〇〇四	胡錦濤政權成立		陳水扁連任總統	
二〇〇五	國共會談			
二〇〇六				安倍晉三內閣成立
二〇〇七		港幣兌美元匯率反超人民幣		福田康夫內閣成立
二〇〇八	三月，西藏自治區發生反政府暴動 五月，四川大地震 八月，北京奧運開幕	八月，舉辦北京奧運的馬術比賽	馬英九就任總統	麻生太郎內閣成立 十二月，第一次日中韓首腦高峰會
二〇〇九	七月，新疆維吾爾自治區發生反政府運動			

二〇一〇				菅直人內閣成立
二〇一一				東日本大地震 福島第一核電廠事故 九月，野田佳彥內閣成立
二〇一二	三月，將東海、南海領土爭議諸島畫進中國地圖 十一月，習近平就任總書記		馬英九連任總統	安倍晉三內閣成立
二〇一三	三月，習近平就任國家主席 六月，習近平訪美 十一月，將包含釣魚台的東海上空設定為防空識別區			
二〇一四	歐巴馬總統訪中	雨傘運動	太陽花學運	
二〇一五		香港立法會否決香港政府提出的行政長官選舉改革案		
二〇一六		民主派和本土派在立法會選舉大獲全勝 書店相關人員被中國帶走	民進黨蔡英文就任總統	

西元（年）	中國主要事件	香港的主要事件	台灣的主要事件	日本的主要事件
二〇一七		三月，林鄭月娥當選香港行政長官 七月，香港主權移交二十周年		
二〇一九	一月，習近平發表台灣政策「習五點」 十月，中國建國七十周年	反逃犯條例修訂遊行		
二〇二〇	六月，全國人民代表大會通過《中華人民共和國香港特別行政區維護國家安全法》	預定在九月舉行的立法會選舉延期 十二月，《蘋果日報》創辦人的再拘留確定	蔡英文連任總統	四月，因新冠疫情發布緊急事態 九月，菅義偉內閣成立
二〇二一	中國共產黨成立一百周年	六月，《蘋果日報》停刊 十二月，排除民主派的制度修正後，立法會選舉的席次由親中派獨占	申請加入ＴＰＰ	四月，日美領袖峰會的聲明寫明「台灣海峽的和平與穩定」 七月，舉辦東京奧運 十月，岸田文雄內閣成立
二〇二二	二月，舉辦北京冬季奧運			

國家圖書館出版品預行編目（CIP）資料

中國的執念：日本資深媒體人野島剛解讀習近平強權體制下的台灣及香港／野島剛作；林詠純譯 . -- 初版 . -- 臺北市：今周刊出版社股份有限公司 , 2023.09
面；　公分 . --（焦點系列；25）
譯自：新中国論：台湾・香港と習近平体制
ISBN 978-626-7266-30-4（平裝）

1. CST：兩岸關係　2. CST：國際關係　3. CST：香港問題　4. CST：中國政治制度

573.09　　112009916

焦點系列 025

中國的執念

日本資深媒體人野島剛解讀習近平強權體制下的台灣及香港

新中国論：台湾・香港と習近平体制

作　　者　野島剛
譯　　者　林詠純
編　　輯　許訓彰
校　　對　李珮綺、許訓彰
總 編 輯　許訓彰
行銷經理　胡弘一
企畫主任　朱安棋
行銷企畫　林律涵、林苡蓁
印　　務　詹夏深
封面設計　兒日設計
內文排版　藍天圖物宣字社

出 版 者　今周刊出版社股份有限公司
發 行 人　梁永煌
社　　長　謝春滿

地　　址　台北市中山區南京東路一段 96 號 8 樓
電　　話　886-2-2581-6196
傳　　真　886-2-2531-6438
讀者專線　886-2-2581-6196 轉 1
劃撥帳號　19865054
戶　　名　今周刊出版社股份有限公司
網　　址　http://www.businesstoday.com.tw

總 經 銷　大和書報股份有限公司
製版印刷　緯峰印刷股份有限公司
初版一刷　2023 年 9 月
初版三刷　2023 年 11 月
定　　價　420 元

Focus

Focus

Focus

Focus